改变，从阅读开始

MURPHY'S LAW

墨菲定律

从它被发现的第一天起,就一直让世人心神不宁。

[美] 阿瑟·布洛赫 著

曾晓涛 译

山西出版传媒集团　山西人民出版社

图书在版编目（CIP）数据

墨菲定律／（美）阿瑟·布洛赫著；曾晓涛译. —太原：山西人民出版社，2018.9
ISBN 978-7-203-10538-1

Ⅰ.①墨… Ⅱ.①阿… ②曾… Ⅲ.①成功心理—研究 Ⅳ.①B848.4

中国版本图书馆CIP数据核字（2018）第213434号

Murphy's Law by Arthur Bloch
All rights reserved including the right of reproduction in whole or in part in any form.
This edition published by arrangement with TarcherPerigee, an imprint of Penguin Publishing Group, a division of Penguin Random House LLC.

图字：04-2011-036号

墨菲定律

著　　者：（美）布洛赫
译　　者：曾晓涛
责任编辑：刘小玲
出　版　者：山西出版传媒集团·山西人民出版社
地　　址：太原市建设南路21号
邮　　编：030012
发行营销：010-62164516
　　　　　0351-4922220　4955996　4956039
　　　　　0351-4922127（传真）　4956038（邮购）
E-mail：sxskcb@163.com 发行部
　　　　sxskcb@126.com 总编室
网　　址：www.sxskcb.com
经　销　者：山西出版传媒集团·山西人民出版社
承　印　者：北京汇林印务有限公司
开　　本：880mm×1230mm　1/32
印　　张：7.5
字　　数：80千字
印　　数：1-10000册
版　　次：2018年10月第1版
印　　次：2018年10月第1次印刷
书　　号：ISBN 978-7-203-10538-1
定　　价：48.00元

如有印装质量问题请与本社联系调换

前言

在四分之一世纪中,有很多事情可能出错。科技的迅猛发展让我们一边疲于追赶一边大声抱怨,与此同时,墨菲定律已经变成一种全球现象,这的确让出版商和本书作者感到出乎意料。

自1977年首次出版以来,墨菲定律系列书籍已经以27种语言在30多个国家出版。现在世界各地的人们用西班牙语、冰岛语、意大利语、斯洛伐克语、法语、朝鲜语、波兰语、德语、日语和英语等不同语言谈论墨菲定律。

在第一版中,关于墨菲定律起源的故事首次见诸文字。故事的发生源于一系列幸运而反常的事件。在墨菲定律第一版发行前,畅销书《猎奇榜》(*The Book of Lists*)刊登了该书内容简介。随后,来自加州的乔治·尼科尔斯先生给我们写来了一封信,内容如下:

亲爱的阿瑟·布洛赫:

获悉您即将出版《墨菲定律,以及事情出错的其他原因》一书。您有兴趣在书中加入墨菲定律得以命名的真实故事吗?

1949年,这件事发生在加州穆拉克爱德华空军基地的MX981项目实施期间。该项目是一项由约翰·保罗·斯塔普上校负责、在北方基地实施的实验性轨道撞击研究。项目由莱特机场航空医疗实验室外包给诺斯罗普飞机公司。我当时担任诺斯罗普公司项目经理。

  墨菲定律得名于爱德华·墨菲上尉,他是莱特机场飞机实验室的研发工程师。由于应力计桥接器的错误安装,导致一台传感器发生故障,墨菲对此感到很失望。在评论负责安装桥接器的实验室技术员时,他说"只要有办法出错,他就会出错"。我把墨菲定律的起源归因于这句话和与此有关的不同表述。

  在墨菲定律"命名"几周之后的一次新闻发布会上,斯塔普上校指出,他们过去几年在模拟撞击实验中的良好安全记录,来自对墨菲定律的坚定信念和在防止必然事件发生方面所做的不懈努力。短短数月之间,商业广告对墨菲定律的广泛引用可谓千奇百怪,墨菲定律从此风靡全世界。

谨致

国家航空航天局喷气推进实验室

维京项目

可靠性与质量保证经理

乔治·E. 尼科尔斯

  信中可能还有更多细节,但要点在于,信中对墨菲定律的引证是错误的。难道这真的值得大惊小怪吗?

  最近一次对墨菲定律的谷歌搜索结果有超过11万个网页。如果说1977年一个网页也没有,那可能有点装腔作势,也并非完全如此。我找到过的第一份"定律"汇编是一份长长的复写打印单,来自阿帕网

（Arpanet），它是因特网的前身，当时主要在大学、研究所和政府机关使用。这些"定律"在"网虫"中间一直很流行，这种情况甚至早于"网虫"一词的出现时间。

不过，在我向出版商提交第一版手稿时，有一项条款很有趣。全部书稿必须打字，不能用电脑打印（倒不是说我有个人电脑，那时个人电脑还没发明）。当时大家公认那些在电脑上写作的人往往缺乏文学修养。当然，现在的出版合同都要求以MS Word格式提交手稿。我最近的五本书都是通过电子邮件发给出版商的。出于某种原因，这本书要求我使用一种传统方式，用一张3.5英寸的软盘提交书稿。

这个版本包括许多墨菲定律早期书籍的精华，加上新的精选素材。用墨菲学的术语来说，未来是一个巨大的、在很大程度上无法想象的、由可能出错的事物所组成的新世界。总会有可以写的东西，这让我感到很高兴。

阿瑟·布洛赫

加利福尼亚奥克兰

MURPHY'S LAW

目录

NO.1 通用墨菲学 / 001
每当一切顺利，就有事情出错。

NO.2 应用墨菲学 / 013
东西总是在看不见的地方找到。

NO.3 知识墨菲学 / 021
经验是一种在需要之前没有的东西。

NO.4 复杂问题 / 029
谬误常常比真理还要显得庄重。

001

NO.5 专业技能 / 035
连续猜对三次,你就成了专家。

NO.6 官僚主义 / 043
进度报告越长,工作进展越小。

NO.7 等级学 / 049
老板忍受不了一贯正确的员工。

NO.8 委员会学 / 057
开会常常是省下几分钟,浪费了几小时。

NO.9 财务技能 / 063
意外钱财会带来相同金额的意外损失。

NO.10 设计诀窍 / 069
问题无法解决,就当它是一种特色。

NO.11 研究技能 / 075
 窃取一个人的观点是剽窃；窃取许多人的观点就是研究。

NO.12 技术墨菲学 / 085
 坏掉的零件总是最贵的那个。

NO.13 机械艺术 / 093
 所有机械装置都会在最尴尬的时间失灵。

NO.14 电脑墨菲学 / 099
 邮件发出以后，才会发现错别字。

NO.15 政治手腕 / 109
 无论谎言被揭穿多少次，还是会有一定比例的人相信。

NO.16 经济墨菲学 / 119
 经济状况变好，其他就会变糟。

NO.17 学术的学问 / 123
　　如果上课不点名，考试的时候就会出现你没见过的人。

NO.18 工艺技能 / 129
　　每天比大家期望的多做一点，很快大家就会期望你做得更多。

NO.19 办公室墨菲学 / 135
　　本来是给人帮忙，结果却变成了自己的事情。

NO.20 社会墨菲学 / 141
　　爱不会天长地久，塑料才会。

NO.21 家居墨菲学 / 151
　　为了清洁一种东西，另一种东西肯定会变脏。

NO.22 驾驶技能 / 163
　　只要你一换道，那条堵住你的车道就会动起来。

NO.23　旅行墨菲学 / 169

　　如果有时间，你就没有钱。如果有钱，你就没有时间。

NO.24　运动墨菲学 / 173

　　最精彩的表演出现在你出去买啤酒的时候。

NO.25　法律墨菲学 / 181

　　如果谈判各方在离开时都感觉上当受骗，就可以认为谈判获得了成功。

NO.26　医疗墨菲学 / 187

　　输血越紧急，血型越罕见。

NO.27　顾客学 / 193

　　你想买的东西从来不打折。

NO.28 墨菲学与艺术 / 199

有些错误总是在书出版以后才会被发现。

NO.29 时间墨菲学 / 203

家里面谁生病,谁就是老大。

NO.30 心理墨菲学 / 209

你抗拒什么,就会变成什么。

NO.31 理论墨菲学 / 215

如果你遇到难题,就把它交给懒人,他会想出简单的处理办法。

NO.32 神秘墨菲学 / 223

拜倒在大师脚下太久,就会闻到脚臭。

MURPHY'S LAW

No.1
通用墨菲学

⊙ 墨菲定律

凡事只要可能出错，就会出错。

※ 推论

1. 事情不像看上去那么简单。

2. 凡事所需时间都会超出预期。

3. 如果几件事都有可能出错，那么造成最大伤害的那一件就会出错。

4. 如果你发现一个流程有四种破绽并加以防范，第五种破绽马上就会出现。

5. 放任不管只会让事情越来越糟。

6. 每当你着手做一件事，就必须先做其他事。

7. 凡是解决方案都会带来新的问题。

8. 事情不可能简单到傻瓜无法捣乱，因为傻瓜太有才了。

9. 大自然很难对付。

※ 本尼迪克特原则（以前的墨菲第九推论）

自然总是助长暗藏的缺陷。

※ 施拉特里对上述推论的总结

凡事只要没问题，就会有问题。

※ 布洛赫推论

如果一切都可能出错，就会一错再错。

⊙ 莱希定律

事情只要经常做错，就变对了。

※ 墨菲定律附录

可能出错的事情总是没完没了。

※ 神秘博士规则

要紧事先做,但也不一定。

※ 墨菲评论

如果事情出错,就跟它划清界线。

※ 奥图尔评墨菲定律

墨菲也乐观过。

⊙ 奇泽姆第一定律

每当一切顺利,就有事情出错。

※ 推论

1. 每当事情糟到极点,就还会更糟。
2. 每当事情出现好转,一定是你有所疏忽。

⊙ 斯科特第一定律

无论什么出错,看上去都没错。

※ 西尔弗曼悖论

墨菲定律只要可能出错,就会出错。

⊙ 索德第一定律

人们要做的事情,总会在无意中受到其他(人为或自然)因素的干扰而失败;不过,那些因素本身也是要做的事情,自然也会受到干扰,因此有些事情还是做成了。

⊙ 索德第二定律
最糟糕的情况迟早都会出现。

※ 推论
任何系统都必须设计成可以抵御最糟糕的情况。

⊙ 西蒙定律
凡是组装起来的东西,迟早会散架。

⊙ 鲁丁定律
在紧要关头选择出路,多数人会选最差的那条。

⊙ 墨菲热力学定律
事情会在压力下恶化。

⊙ 尼科尔斯第四定律
如果结局无法接受,就不要行动。

⊙ 康芒纳生态定律
一切都不会消失。

⊙ 帕德定律
开局良好结局糟糕;开局糟糕结局更糟。

⊙ 斯托克梅耶原理
看起来容易的事情,其实很难。
看起来很难的事情,根本就不可能。

凡事只要可能出错,就会出错

⊙ 赛莫基进化系统动力学定律

一罐虫子一旦打开,只有用更大的罐子才能把它们装回去。

※ 凯撒评赛莫基定律

不要打开虫罐子,除非你想钓鱼。

⊙ 斯特金定律

凡事九成都是垃圾。

⊙ 不能说的定律

每当你说起一件事:

——是好事,就会消失。

——是坏事,就会发生。

⊙ 期望不可逆定律

消极期望产生消极结果;积极期望还是产生消极结果。

※ 纳格勒评论墨菲定律起源

提出墨菲定律的不是墨菲,而是一个同名同姓的人。

※ 科恩对墨菲定律的推论

错上加错只是一个开始。

※ 麦当劳对墨菲定律的推论

任何情况下的正确做法都要取决于后续情况。

⊙ 墨菲政府定律

事情只要可能出错，就会出错三次。

⊙ 玛阿定律

事情进展顺利，因此可以出错。

⊙ 墨菲测不准原则

只有当你犯了奇数次的错误，你才可能知道事情已经出错。

⊙ 塔斯曼定律

该错的难免会错。

⊙ 或然分布定律

无论什么事情败露，都有侥幸者，也都有倒霉蛋。

⊙ 盖提耶里惰性定律

有决心，就有惰性。

⊙ 范恩斯托克失败规则

如果开局不利，就不要留下任何尝试的痕迹。

⊙ 埃文斯-比扬定律

无论什么出错，都会有人预知。

⊙ 墨菲拓扑定律

两点之间最短距离是恶性循环。

⊙ 烦恼保持定律

宇宙中的烦恼总量保持不变。

※ 推论

一件事情顺利,另一件事情就会出错。

⊙ 李氏定律

解释出错原因比做对事情还要花时间。

⊙ 艾琳定律

没有做错事情的正确方法。

⊙ 坎贝尔定律

事做得越少,出错的机会也越少。

※ 斯图尔特的墨菲定律推论

1. 墨菲定律不可能被无限期推迟或暂停,否则将来会导致更大灾难。

2. 观看的人数越多,灾难级别越高。

3. 活动越重要,灾难级别越高。

4. 如果结果有一半可能会发生,对结果的期望越高,实际的发生可能就越高。

5. 如果两条墨菲定律互相矛盾,危害性大的那个起主导作用。

⊙ 福瑞斯科发现

要是你知道自己在做什么,你可能就会感到无聊。

※ **推论**

就算你感到无聊,你还是不知道自己在做什么。

⊙ **巴尔德里奇定律**

要是知道迷上了什么,就什么都不会迷上。

⊙ **黄金原则**

如果必须首先摆平所有不同意见,那就什么都做不了。

⊙ **库克定律**

人们总是很难注意到少了什么。

⊙ **菲洛定律**

要从错误中吸取教训,必须先承认错误。

⊙ **沃尔夫计划定律**

最好的出发点就在脚下。

⊙ **霍夫斯塔特定律**

事情所需时间总是超出预期,即使考虑到霍夫斯塔特定律。

⊙ **邓恩定律**

周密计划比不上狗屎运。

⊙ **吉尔伯特森定律**

对非常有才的傻瓜而言,什么都不会简单到无法捣乱。

⊙ **斯维亚克规则**

让事情简单到傻瓜无法捣乱的唯一办法,就是离傻瓜远点。

⊙ 雷塞尔定律

你可以让事情简单到傻瓜无法捣乱,可你却对付不了专业级的傻瓜。

⊙ 巴伯规则

事情值得做,就值得做尽。

⊙ 梅尔尼克定律

如果你马到就成功,不要显得太吃惊。

⊙ 命名定律

凡是已知定律都不会以它的创建者命名。

※ 推论

关键不是谁说的,而是谁命名的。

⊙ 凯斯第一箴言

凡是可能被改变的引证,都会被改变。

⊙ 朗格森定律

1. 凡事都看情况。
2. 没有什么永远。
3. 一切都是有时。

⊙ 杜沙尔姆训诫

机会总是来得不是时候。

⊙ 福拉格定律

当你需要敲敲木头乞求好运时,才发现世界上只有塑料和铝。

⊙ 国际标准化组织墨菲主义第一公理

异乎寻常的东西彼此相当。

⊙ 科伊特-墨菲关于消极思考威力的说明

不可能让乐观者感到惊喜。

⊙ 弗格森训诫

危急时刻,就是无法说出"让我们忘掉这一切"。

⊙ 不适用定律

洗车求雨不灵。

⊙ 墨菲唯一可取之处

没有最糟,只有更糟。

⊙ 基本难题

乐观者认为我们生活在世界上最美好的地方。
悲观者担心果真如此。

⊙ 杜德二元性定律

两种可能当中,不想要哪个哪个就会发生。

⊙ 海恩定律

事情可能变得糟糕透顶。

⊙ 帕拉索定律

无论多简单的工作都有可能出错。

⊙ 梅·韦斯特观察

人难免犯错误,但犯错误感觉起来好极了。

⊙ 博尔科夫斯基定律
你无法预防随心所欲。

⊙ 拉克兰定律
1. 不要争先。
2. 不要落后。
3. 凡事不要自愿。

⊙ 希格登定律
正确判断来自痛苦经验;而经验则来自错误判断。

⊙ 卡方因子
数量=1/质量;或者说,数量与质量成反比。

⊙ 弗罗森汉姆定律
重要程度越高,紧急程度越低。

⊙ 洛克菲勒法则
不要做你无论如何都不想做的事情。

⊙ 杨氏无生命移动法则
不会动的东西总会移动到刚好挡住你的位置。

⊙ 梅斯基曼定律
没有时间做好,却总有时间返工。

MURPHY'S LAW

No.2
应用墨菲学

⊙ 布克定律

一盎司行动胜过一吨空想。

※ 墨菲定律扩展

如果有一系列问题,它们会按照最糟糕的顺序出错。

※ 法恩斯迪克对第五推论的推论

尽管事情每况愈下,但它还会越来越糟。

※ 加图索墨菲定律扩展

没有什么事情会糟到不能更糟。

⊙ 冈伯森定律

凡事期望值越高,发生的可能越小。

⊙ 艾尔斯定律

总有更简单的办法。

※ 推论

1. 这个办法老早就出现在你的眼前,你却视而不见。
2. 艾尔斯也视而不见。

⊙ 海森伯格测不准原则

不可能同时知道所有东西的位置。

※ 推论

找到一件东西,另一件就会消失。

※ 沃伊恩观察

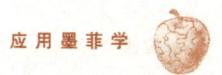

找东西最快的方法,就是去找别的东西。

⊙ 玛丽安定律
你总是找到不想找的东西。

⊙ 高级搜寻定律
找东西要从想不到的地方找起。

⊙ 布勃定律
东西总是在看不见的地方找到。

※ 布洛赫反驳布勃定律
东西总是在显眼的地方找到,但你从来不会一眼看到。

东西总是在显眼的地方找到,但你从来不会一眼看到

⊙ 理查德补充所有权定律

1. 凡是拥有太久的东西都可以扔掉。
2. 凡是扔掉的东西，一旦找不回来，马上就会需要。

⊙ 吉列搬家定律

第一次搬家丢失的东西，第二次搬家就会找到。

⊙ 格雷特姆唯物主义占有欲定律

看起来越是有用的东西，一旦付款买下，实际越是没用。

⊙ 哈珀定律

找不到的旧东西在换了新东西以后就会出现。

⊙ 麦克弗森熵原理

将物体移出来比把它放回去更省事。

⊙ 叔本华熵原理

一勺酒加入一桶污水，变成一桶污水。
一勺污水加入一桶酒，还是变成一桶污水。

⊙ 艾伦定律

事情几乎都是习惯容易解脱难。

⊙ 自然无常定律

你很难事先决定在面包的哪面涂上奶油。

⊙ 选择性重力定律

物体掉落方式以损害最大为准。

※ 杰宁推论
地毯越昂贵，面包落地时奶油朝下的概率越高。

※ 克里普斯泰恩推论
掉落的就是最容易破损的那件东西。

※ 富尔顿重力法则
想要接住掉落的易碎物品所造成的损失，比原先让它自行落下还要大。

⊙ 保罗定律
你不可能从一楼往下掉。

⊙ 墨菲不对称原则
事情都在瞬间出错，却只能渐渐好转。

※ 推论
破坏无需时间，修理却要很久。

⊙ 艾托尔观察
旁边那排队伍动得更快。

※ 艾托尔观察之奥布莱恩变奏
如果你换一排队伍，刚刚离开的那排队伍就开始比现在这排动得快了。

※ 肯顿推论
再回到原来那排队伍，就会搞乱两排队伍并激怒大家。

⊙ 排队原则

排队时间越长,排错的可能性越大。

⊙ 直线加速原则
排队越短,动得越慢。

⊙ 兰格尔定律
如果你排的队伍动得快,说明你排错队了。

⊙ 弗拉格规则
快速付款通道的收银员总是动作最慢。

⊙ 弗埃尔高级排队术定律
1. 如果你冲向短队,它就会忽然变成长队。
2. 如果你排在长队,排你后面的人就会被分流到一个新的短队。
3. 如果你离开短队一会儿,回来时它就已经变成长队。
4. 如果你排在短队,排你前面的人就会让亲友插队,于是短队变成长队。
5. 门外的短队接着屋里的长队。
6. 如果你在一个地方站得够久,有人就会在你后面排队。

⊙ 海德排队定律
无论你到得多早,都有人排在前面。

⊙ 卢伯斯凯恩斯基焦急等待原则
如果你到早了,事情就会取消。
如果你千辛万苦按时到达,你却不得不等。
如果你到晚了,那就太迟了。

⊙ 萨德拉生物力学定律

越痒的地方越挠不到。

⊙ R.C.加拉格尔定律

改变是必然的,除非是自动售货机。

⊙ 耶林定律

要是你去买一张彩票,你的中奖机会就会稍稍多一些。

⊙ 邮政原则

人们通常会收到自己应得的东西,除非它已被寄走。

⊙ 报道中的真相定律

1. 越了解真实情况,新闻报道中的错误就越明显。
2. 越不了解真实情况,往往就越相信新闻报道。

⊙ 艾弗里观察

跌倒不算什么,只要站起来就有收获。

MURPHY'S LAW

No.3
知识墨菲学

⊙ 戈亚认识论定律

问题是我们在无所不知以后又学了些什么。

⊙ 吐温的实话

人们相信你所说的，除非你说实话。

⊙ 金斯伯格原理

1．你不能赢。

2．你不能扯平。

3．你也不能退出。

⊙ 克拉克第一定律

如果一位杰出而年迈的科学家说有可能，他几乎肯定对；如果他说不可能，他很可能弄错了。

⊙ 克拉克第二定律

要发现可能的极限，只有超越可能去尝试不可能。

⊙ 亚里士多德格言

宁要有望的不可能，不要无望的可能。

※ 冯·布劳恩忠告

我学会了非常谨慎地说"不可能"。

⊙ 费京以往预测规则

事后诸葛亮绝对是一种学问。

⊙ 邓莱普物理定律

1. 事实是一致的观点。
2. 在极端的温度和压力下,事实可能变得不确定。
3. 真理有弹性。

⊙ 德谟克利特规则
除了原子和虚空,一切都不存在。其他一切都是观点。

⊙ 莫金格言
如果吃不准,就预测趋势会持续。

※ 哈尔格恩解决方案
遇到麻烦时,就制造混乱。

⊙ 霍金斯进步理论
进步不在于错误理论被正确理论取代,而在于错误理论被貌似正确的理论取代。

⊙ 汉龙剃刀
如果愚蠢足以解释,就不要视为恶意。

⊙ 麦茨准则
当你懒得再想时,你就有了结论。

⊙ 利维第一定律
什么样的天才都对付不了吹毛求疵。

⊙ 生活定律
当你做上了想做的事情时,你又想起做别的事情来。

⊙ 奥利维尔定律

经验是一种在需要之前没有的东西。

⊙ 格比托观察

智者乐于发现真理,愚者乐于发现谬误。

⊙ 生活终极成功的规则

不要告诉所有你认识的人。

⊙ 负面预期第一规则

只要别在过河之前拆桥,就能避免许多不必要的烦恼。

⊙ 斯坦规则

1. 依靠外部证据的知识靠不住。
2. 逻辑从来都无法决定可能或不可能。

⊙ 柯勒律治奇定律

一个极端连着另一个极端。

⊙ 费恩伯格原则

记忆为记忆大师所用。

⊙ 迪斯莫利认知规则

相信等于看见。

⊙ 悉达多原则

你不可能两步过河。

⊙ 齐克果观察

理解人生只能回顾过去，但生活就必须面向未来。

⊙ 霍尔丹定律
我们没想到、也想不到宇宙如此奇妙。

⊙ 观察定律
远观好看，近观不堪。或者说，近观好看，远观不堪。

⊙ 坎农准绳
经验让你避免老毛病又犯新毛病。

⊙ 琼斯定律
当你重复同样错误时，经验就是让你承认错误。

⊙ 培根准则
真理更容易从错误而非混乱之中产生。

⊙ 玻尔箴言
深刻道理的反面很可能是另一个深刻道理。

⊙ 曼丽准则
逻辑是满怀信心得出错误结论的系统方法。

⊙ 菲利普斯规则
对逻辑的最佳防御就是无知。

⊙ 桑迪评论
当你不再想它时，它就有了意义。

⊙ 王尔德论忠告

真理更容易从错误而非混乱之中产生

好忠告的唯一用处就是送给别人。它对自己从来没用。

⊙ 冯·诺依曼箴言
如果你不知所云,说得再对也没用。

⊙ 塔特曼规则
始终假设你的假设不成立。

⊙ 杨氏争论原则
如果你不同意他们的意见,他们也不可能同意你的意见。

⊙ 德·博马舍座右铭
不必为了争论事物而理解事物。

⊙ 韦伯准则
简单的事实可能破坏精彩的辩论。

⊙ 盖尔-曼宣言
凡是不禁止的就是必须的。

※ 推论
只要事物没有不该存在的理由,它就必须存在。

⊙ 开普勒生态定律
自然对万物的消耗维持在最低水平。

⊙ 理性谬误
一切皆事出有因。

MURPHY'S LAW

No.4
复杂问题

⊙ 史密斯定律

真正的问题没有答案。

⊙ 霍尔大问题定律

每个大问题里面都会随时出现一个小问题。

※ 斯凯恩克尔反霍尔大问题定律

每个小问题里面都会随时出现一个大问题。

⊙ 埃伯恢复定律

你不可能从你没有的问题中恢复。

⊙ 皮尔定律

问题的解决方法改变问题的性质。

⊙ 巴鲁克观察

如果你只有榔头,什么都看似钉子。

⊙ 福克斯论复杂问题

问题消失了,解决问题的人还没消失。

⊙ 沃德罗普原理

解决问题的那个人不在这里。

⊙ 比昂迪定律

如果项目运转不正常,查一查以前认为不重要的部分。

⊙ 斯特恩箴言

什么问题都不会可怕到无法逃避。

复杂问题

⊙ 迪斯雷利宣言
谬误常常比真理还要显得庄重。

⊙ 罗马规则
说做不到的人绝不应该打扰正在做的人。

⊙ 布莱尔观察
不管是鼠辈还是人类,再天衣无缝的算计,往往都是一场空欢喜。

⊙ 西伊定律
凡事都不会按计划出现。

⊙ 吕克特定律
再小的事情也可能被夸大。

凡事都不会按计划出现

⊙ 范·赫彭定律
解决问题的办法在于找到解决问题的人。

⊙ 巴克斯特定律
前提的错误将出现在结论中。

⊙ 麦吉第一定律
完成一件从没做过的事情，要花的时间之长让人吃惊。

⊙ 霍尔顿说教
只有在肯定自己错了的时候才会积极。

⊙ 塞瓦雷德定律
问题的主要起因就是答案。

⊙ 杜尚箴言
只要你仔细观察需要解决的问题，你就会发现自己也是一个问题。

⊙ 凯利定律
事情不会像初看起来那么简单。

⊙ 麦格芬定律
不难在别人的问题中发现好的一面。

⊙ 贝丽尔第二定律
对于我们不太关心的问题，总是不难看到正反两面。

⊙ 园丁哲学
出色的机会被巧妙伪装成无法解决的问题。

※ 推论
反之亦然。

⊙ 伊萨维·威尔考克斯法则
问题成几何级数增长,答案成算术级数增长。

⊙ 赫尔曼定律
合适的替罪羊几乎就是解决方案。

⊙ 乱出主意规则
如果你对问题一无所知,提出解决方案就简单多了。

⊙ 大个子艾尔定律
好办法可以适用于几乎所有的问题。

※ 主要政治推论
好口号胜过好办法。

⊙ 伯克规则
没有答案,就不要制造问题。

※ 推论
可以制造只有你才能解决的问题。

⊙ 门肯准则
凡是人类的问题都总有简单的答案,不是简明的和貌似合理的,就是错的。

※ 格罗斯曼论门肯

复杂问题有着简明易懂的错误答案。

⊙ 巴里规则

如果你停下来思考,不要忘了重新开始。

⊙ 挖掘第一规则

如果处境艰难,就别再给自己添麻烦。

MURPHY'S LAW

No.5
专业技能

⊙ 海勒姆定律

只要咨询足够多的专家，就可以证明一切观点。

⊙ 乔亚理论

菜鸟的主意最多。

⊙ 艾利森训诫

检验一个人的真才实学，最好和最直接的办法，就是看他能否猜对所在领域将要发生的事情，并打赌赚钱。

※ 温伯格推论

避免小错只犯大错的人，就是专家。

⊙ 马尔斯规则

远道而来的就是专家。

⊙ 韦伯的定义

专家对越来越少见的事情知道得越来越多，直到对子虚乌有的事情无所不知。

⊙ 波尔定律

在非常专业的研究领域犯过一切错误的，就是专家。

⊙ 瑞恩定律

连续猜对三次，你就成了专家。

⊙ 麦克唐纳定律

咨询顾问很神秘，他们向公司要一个数字，然后再把它还给他们。

⊙ 沃伦定律

预言工作耗时最长和花费最高的人,就是专家。

⊙ 温格规则

一件物体在你桌上放了十五分钟,你就成了这方面的专家。

⊙ 霍洛维茨规则

智者懂得什么时候不需要完美。

⊙ 格林辩论定律

不知所云的人总是有理。

⊙ 乔旺定律

已知结果却希望未知,因此需要建议。

⊙ 德·纳维尔复杂性定律
一窍不通的事情最简单。

⊙ 克里斯蒂和戴维斯原理
如果数据出错而逻辑正确,结论一定错。不过,逻辑出错说不定能得出正确结论。

⊙ 爱默生观察
每一项天才发现中,都有我们弃之不用的想法。

⊙ 乔丹定律
没有提供过假消息的线人太反常了,不能相信。

⊙ 德·纳维尔失败定律
不要去想那些能够了解的事情。

⊙ 范·罗伊第一定律
如果你可以分辨建议的好坏,你就不需要建议。

⊙ 豪氏定律
每个人都有一套束之高阁的计划。

※ 芒德对豪氏定律的推论
不干活的人都有一套切实可行的计划。

⊙ 开放思想规则
抵制改变的人不免要走下坡路。

⊙ 伊利成功之道

创造需求并满足需求。

⊙ 布雷利克成功规则
只相信那些在出错时可能和你遭受同样损失的人。

⊙ 艺术与科学的黄金规则
掌握黄金的人制定规则。

⊙ 马利克定律
简单的观点都会表达成最复杂的语言。

⊙ 退路规则
如果事情未能如愿,必须留下解释空间。

⊙ 科恩定律
真正重要的不是真相本身,而是能以什么名义利用真相。

⊙ 巴斯区别
人有两种:一种把人分成两种,另一种不这样分。

⊙ 西格尔定律
一只表让人确定时间;两只表让时间无法确定。

⊙ 米勒定律
走进水坑才知道它有多深。

⊙ 韦勒定律
对只说不练的人而言,一切皆有可能。

⊙ 拉科姆百分比规则

凡是有价值的事情,其发生率不是百分之十五到二十五,就是百分之八十到九十。

※ 杜登霍夫推论

如果答案介于百分之四十到六十,回答百分之五十就行。

⊙ 施罗德定律

灵活基于优柔寡断。

⊙ 怀特海德定律

寻求简单,质疑简单。

⊙ 穆林斯观察

优柔寡断的关键就是灵活。

⊙ 门罗教义

有时少许误差可以避免大量解释。

⊙ 毕希纳原则

最简单的解释就是它真的行不通。

⊙ 拉瓜地亚定律

统计数据就像专家证人,可以为对立的任何一方作证。

⊙ 波西格公理

未经归纳的资料只是小道消息。

⊙ 追溯定律

铁轨说不出火车的行驶方向。

⊙ 乌特维克定律

一次精确测量比得上一千条专家意见。

MURPHY'S LAW

NO.6
官僚主义

官僚机构法则
只有官僚机构才能对付官僚机构。

福克斯评官僚机构
谁都耗不过官僚机构。

推论
不要被卡在两个官僚机构之间。

杨氏官僚政治定律
朽木支撑大树。

推论
就算它还站着,它也是朽木。

索珀定律
为提高效率而进行改组的官僚机构,改组后马上就会故态复萌。

欧文机构异常论
每个机构都有一些不称职的人。

推论
走了一个不称职的,另一个就会补充进来。

岗位管理观察
员工的无能和愚蠢反映了管理层的无能和愚蠢。

莫里逊官僚机构假设
如果一项计划能够通过官僚机构审查并得以实施,它根本就没有价值。

官僚主义

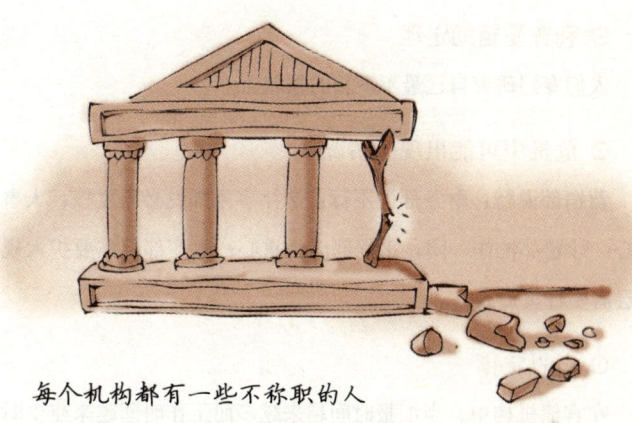

每个机构都有一些不称职的人

⊙ 罗伯逊官僚机构规则
发布越多的命令去解决问题,问题就会变得越严重。

⊙ 帕金森拖延定律
拖延是最致命的拒绝。

⊙ 罗夫特斯员工招聘理论
1. 远来的人才似乎总是比本地人才优秀。
2. 员工招聘靠的是希望,而不是经验。

⊙ 罗夫特斯管理定律
有人照本宣科搞管理,却不知道书的作者是谁,甚至不知道是什么书。

⊙ 乔氏定律
公司重组中,先要炒掉花大价钱发展的内线。

⊙ 利普曼辅助定理
人们专门研究自己最不擅长的领域。

⊙ 危机中可能出现的情况
营销部说行;财务部说不行;法律事务部说必须复核;人事部表示担心;计划部忙作一团;工程部成为重心;生产部门需要扩大规模;管理层需要有负责人。

⊙ 科恩定律
在官僚机构中,当汇报时间越来越多而工作时间越来越少时,书面工作就会增加。当所有时间都用来汇报时,工作量就稳定了。

⊙ 斯威尼定律
进度报告越长,工作进展越小。

⊙ 莫里斯会议定律
最有趣的报告与第二有趣的报告同时举行。

⊙ 柯林斯会议法则
在会议大餐之后发言的人,声音最单调。

⊙ 巴顿定律
今天的好计划胜过明天的完美计划。

⊙ 雅各布森定律
机构作用越小,改组次数越多。

⊙ 去真实化规则

官僚主义

信息在官僚机构中自下而上传递并走样。

⊙ 艾奇逊官僚机构规则
备忘录不是为了告知看的人,而是为了保护写的人。

⊙ 公司收购定律
凡是公司收购,合组公司的服务品质和产品质量都会更差。

※ 推论
1. 收购方规模越大,对收购前项目的关注就越少。
2. 如果说不裁员,那是在说谎。

⊙ 麦卡锡准则
我们得以幸存,只因官僚无能。

⊙ 阿德勒箴言
语言使我们区别于低等动物,也区别于官僚。

⊙ 盖门定律
在官僚体系中,支出越多,产量越少。

⊙ 尼斯定律
官僚机构防范问题越努力,出的问题就越大。

⊙ 赫伯特定律
官僚机构是一种让愚蠢上升到宗教地位的组织。

MURPHY'S LAW

No.7
等级学

⊙ 艾格纳格言

不管你做得多漂亮，上司都会指手画脚。

⊙ 天才的隐患

老板忍受不了一贯正确的员工。

⊙ 帕金斯公理

你越是强大，失败时伤得就越重。

⊙ 哈里森公理

每一种行动，都有一种大小相等、方向相反的批评。

⊙ 罗杰斯规则

只有当所有审批者都不必在失败时负责，却可以在成功时邀功，项目才会获批。

⊙ 盖茨定律

在等级体系中，重要的信息只有一种，就是谁知道内幕。

⊙ 巴克曼必然性定理

实施计划的成本越高，放弃计划的概率越小，即使计划变得无足轻重。

※ 推论

计划带给负责人的荣誉越高，放弃计划的概率越小。

⊙ 康威定律

机构里总会有人知道内幕。这种人必须炒掉。

⊙ 福克斯论等级学

等级学

同样的事情，按照一种标准会让你晋升，换一种标准就会害死你。

- **斯图尔特反作用定律**

批准比原谅更难得。

- **上司自卑第一规则**

别让上司们知道你比他们更棒。

- **惠斯勒定律**

你可以不知道谁对，但你一定要知道谁说了算。

- **斯宾塞情报定律**

1．有足够信息，谁都可以决定。

2．没有足够信息，优秀的经理人也可以决定。

3．即使完全无知，完美的经理人还是可以决定。

- **戈特利布规则**

如果老板向员工炫耀自己对复杂细节的了解，他就没有长远目标。

- **丁格尔定律**

当有人掉下东西时，大家只会把它踢开而不会捡起来。

- **库什纳定律**

机会与觊觎机会的人数成反比。

- **法菲尔法则**

可以让别人做的决定，不要自己做。

※ 推论

没有人记得你应做未做的决定,每个人却都记得你的错误决定。

⊙ 塔尔定律
每一种愿景,都有一种大小相等、方向相反的修订。

⊙ 惠灵顿权力定律
奶油升到最高层。泡沫也一样。

⊙ 海勒尔定律
管理的第一神话就是有管理这回事。

※ 约翰逊推论
没有人真正了解机构的各种内幕。

⊙ 彼得原理
在等级体系中,每个员工都会晋升到不称职岗位。

※ 推论
1. 每个岗位上的员工迟早都会不称职。
2. 干活的是还没有升到不称职岗位的员工。

⊙ 韦尔箴言
在人类企业中,工作流向低层员工。

⊙ 因霍夫定律
官僚组织都像化粪池,真正大块的总是浮到最上层。

⊙ 罗杰斯的定律观察
官僚机构中级别越高的地方,喜欢墨菲定律和彼得原理的人就越少。

⊙ 威尔逊定律
级别越高的人，说话速度越慢。

⊙ 头衔行政长官定律
头衔越长，职位越低。

⊙ 商业成功第五规则
让你老板的老板从你的老板背后走开。

⊙ 格利查雪橇狗法则
只有领队犬才能换个环境。

⊙ 普林斯法则
坐着干活的人比站着干活的人挣钱多。

不管你做得多漂亮，
上司都会指手画脚

⊙ 恩格尔定律

当你站起来表明立场,就会有人占据你的位置。

⊙ 安德森低级别经理生存定律

1. 不要太正确,正确次数不要太多。
2. 多听建议,少提建议。

⊙ 公司第二定律

凡是缺乏合理解释的行为都被视为"公司政策"。

⊙ 查普曼定律

别让自己无法替代。要是无法替代,你就无法晋升。

⊙ 欧文斯定律

如果你很棒,工作都归你。如果你真的很棒,你就不用干活。

⊙ 莱文定律

光是守规矩不会做好事情。

※ 推论

做好了事情也不能不守规则。

⊙ 生产率第三定律

老板说提高生产率,但不是在说自己。

⊙ 薪水箴言

增加的薪水刚好多到让你多交税,刚好少到等于没加。

⊙ 沟通定律

在等级体系内不同等级之间强化与扩大交流,必然导致误解大增。

⊙ 道氏定律
在等级机构内,级别越高,混乱越多。

⊙ 布努埃尔定律
过度劳累在任何情况下都不好,因此工作效率不要太高。

⊙ 斯帕克项目经理十项原则
1. 努力让自己显得非常重要。

2. 要让别人看见你和重要人物在一起。

3. 说话要有权威;不过,只说明显而易见或已经证实的情况。

4. 不要参与争论,但如果被逼无奈,先问一个无关的问题,趁对方还没有完全明白过来,向后一仰并满意地笑笑,马上换个话题。

5. 在别人争论时仔细倾听,抓住一句老生常谈并借此结束争论。

6. 如果下属提出的问题有意思,看着他,好像他的脑子进了水。当他低眉顺眼时,换一个说法反问这个问题。

7. 争取好差事,但不要让人看见,并保持低调。

8. 快步离开办公室,这样可以最大限度减少下属和上级的提问。

9. 办公室要关门。这样使访客处于被动,并使人觉得好像你一直在开重要会议。

10. 口头发布指令。不要留下任何可能成为"珍珠港档案"的书面文件。

⊙ 管理真相
1. 三思而后行。因为那不是你的钱。

2．主管都不会承认错误。

3．如果你为了证明一项行动合理而思虑再三，就不要行动。

⊙ 工人的困境

1．无论做了多少，永远做不够。

2．没做的永远比做过的重要。

⊙ 麦奇准则

傻瓜身居高位就像人置身山顶，他小看别人，别人也小看他。

⊙ 分配铁律

拥有者分得最多。

⊙ 琼斯定律

出了事还能微笑的人，已经找好了替罪羊。

⊙ 社会经济学定律

在等级系统中，越讨厌和越难的工作，报酬就越低。

⊙ 普特定律

科技被两种人支配：一种人懂技术，但不管事；一种人管事，但不懂技术。

⊙ 杨氏委托规则

在挪动怀孕的猫时，抱起来就行，让它自己关照小猫。

⊙ 普雷纳规则

一旦破例，下一次就变成理所应当。

MURPHY'S LAW

No.8
委员会学

⊙ 迈克南准则

会议没有收获，难免重新开会。

⊙ 库尔图瓦规则

常听自己说话，就不会那么多话。

⊙ 欧尔德-卡恩定律

与会人数越多，审议时间越长，委员会议的效率就会越低。

⊙ 沙那汉定律

与会人数增加，会议时间就会加速增加。

⊙ 琐事定律

议程涉及的金额越小，审议所花的时间越长。

⊙ 米切尔委员会学定律

1．开会次数太多，再简单的问题可能都变得无法解决。

2．把项目搞砸的方案一经提出，肯定会被接受并被视为最佳方案。

3．把项目搞砸以后，当初批准这个方案的人都会说"我要是提出质疑就好了"。

⊙ 伊萨维委员会动力学定律

越不喜欢在委员会任职，就越有可能收到任职邀请。

⊙ 玛蒂尔达小组委员会构成定律

离开会场，就会当选。

委员会学

⊙ 金姆委员会规则
为了改一句话用了一个小时,然后有人会提议把这一段都删掉。

⊙ 第十一诫
不准成立委员会。

※ 肯尼迪评论委员会
委员会就是十二个人做一个人的事。

※ 科尔比评论委员会
委员会是唯一一种有十二个胃却没有大脑的生物。

⊙ 伯吉斯委员会动力学定律
最不想任职委员会的人,往往被选为主席。

⊙ 亨德里克森定律
如果为了一个问题多次开会,最后会议就变得比问题更重要。

⊙ 洛德·福克兰规则
没有必要决定,就有必要不决定。

⊙ 哈钦斯定律
你说不过言之成理的人。

⊙ 哈茨修辞学定律
凡是离题万里的争论,都以咬文嚼字收场。

⊙ 戈德箴言
开会常常是省下几分钟,浪费了几小时。

⊙ **商业会议第一定律**

铅笔芯折断的次数与会议记录的重要程度成正比。

⊙ **商业会议第二定律**

如果某人的姓名有两种读法,你就会读错。

⊙ **杜鲁门定律**

如果不能说服他们,就让他们糊涂。

⊙ **第一辩论定律**

不要与傻瓜争论,别人可能分不清谁是傻瓜。

⊙ **斯威伯秩序规则**

谁叫得最响,谁就有发言权。

⊙ 迪·纳韦尔辩论定律

两人独白不算对话。

⊙ 雷伯恩规则

要相处,就要合作。

⊙ 博伦定律

1. 吃不准时,含糊其辞。
2. 有麻烦时,交给别人。
3. 有责任时,仔细掂量。

⊙ 范·罗伊定律

会议无法代替进步。

⊙ 菲利普委员会程序定律

容易接受的改变,只有越变越糟。

※ 考克斯评论

委员会是一条诱出想法然后悄悄扼杀的死胡同。

⊙ 柯布里茨定律

委员会的决定可能比任何一个委员还要愚蠢。

⊙ 卢卡斯定律

从来没有人给委员会树碑立传。

⊙ 特蕾西定律

不要在开会时说出好主意,否则它将被会议据为己有。

彼得森法则

不要推迟会议结束时间或中午休息时间。

查普曼委员会规则

1. 不要按时到达,否则你会被视为新人。
2. 议程过半以前什么都不要说。这会使你显得明智。
3. 尽量含糊其辞。这会使你不激怒别人。
4. 如果吃不准,建议指定一个小组委员会。
5. 第一个提议休会。这会使你受到欢迎,因为所有人都在等待休会。

霍伍德第八定律

在复杂系统内,收集信息与制定决策无关。

沃恩斯基定律

团队合作的一半时间浪费在告诉别人他们为什么不对。

帕克议会程序规则

提议休会永远正确。

MURPHY'S LAW

No.9
财务技能

⊙ 帕克斯保险费与税收定律

什么都是只涨不跌。

⊙ 货币动力学第一定律

意外钱财会带来相同金额的意外损失。

⊙ 斯宾塞会计定律

1. 平衡表试算不平衡。
2. 营运资金不起作用。
3. 流动资本常常耗尽。
4. 投资一去不回。

⊙ 福拉森汉姆谬误

时间就是金钱。

⊙ 韦斯特海默规则

要估计工作所需的时间,先估计你认为应该需要的时间,乘以二,再把时间单位换成下一个更大的单位。因此,一个小时的工作需要安排两天时间。

⊙ 爱德华兹时间精力原则

精力×时间=常数

1. 起初时间很多,精力投入很少。
2. 当时间越来越少,精力投入就越来越多。

※ 推论

只要还有时间,什么都不会完成。

⊙ 格莱欣法则
小事马上处理；大事悬而不决。

⊙ 格雷计划定律
预计第"N+1"件小事和第"N"件小事将同时完成。

⊙ 项目日程90/90规则
最初百分之九十的工作要用百分之九十的时间去完成，最后百分之十的工作还是要用百分之九十的时间来完成。

⊙ 温伯格定律
每两周的星期五才会有进展。

⊙ 订购法则
昨天项目需要的东西必须在明天中午以前安排好。

⊙ 基奥普斯定律
任何项目不是拖延工期就是超出预算。

⊙ 爱泼斯坦-海森伯格法则扩展
在任务、时间和资源（资金）这三个与研发有关的参数中，只有两个可以同时确定。

1．如果确定了任务和完成时限，就无法知道要花多少钱。

2．如果确定了时间和资源，就无法知道要做什么研发。

3．如果确定了研发目标和资金，就无法知道目标能否实现，以及何时实现。

如果三个参数有幸全部确定，那就不是研发。

⊙ 帕累托定律（20/80定律）

百分之二十的顾客贡献了百分之八十的营业额。

百分之二十的零件占用了百分之八十的成本，等等。

⊙ 奥布赖恩法则（357.73美元理论）

查账员总是拒绝接受总额能够被五或十整除的报销单。

※ 约翰抵押物推论

想要获得贷款，首先必须证明自己不差钱。

⊙ 布瑞恩定律

每个组织都会在其生命期中的某个时间，不知不觉地耗尽自己的成功能力。

⊙ 机构定律

办公装潢越豪华，基本偿付能力越差。

⊙ 林顿定律

增长与许下的承诺成正比；利润与实现的承诺成反比。

⊙ 杰拉德定律

如果支票账户资金充足，兑现支票需要两周。

如果支票账户资金不足，兑现支票只需一天。

⊙ 乔哈尼定律

折中方案总是比它所折中的两个方案都更贵。

⊙ 鲁安意外钱财定律

财 务 技 能

提议AA制的总是那个点菜最贵的人

意外钱财很快就会引来恐怖的税务官。

⊙ 午宴定律
提议AA制的总是那个点菜最贵的人。

⊙ 银行兼并定律
1. 对你的银行有利,对你就不利。
2. 你工作的分行将被首先关闭。

⊙ 制衡机制定律
账目有争议时,银行账本余额总是比你的账本余额少。

⊙ 卡拉威抱怨
空头支票在已知宇宙中的传播速度最快。

⊙ 福尔斯原理

五是无穷大的充分近似值。

⊙ 文克恩定律

人有两种,能计数的和不能计数的。

⊙ 法弗尔法则

在自己的生意中赚钱,在别人的生意中赔钱。

MURPHY'S LAW

No.10
设计诀窍

⊙ 设计惯性法则
任何改变初看起来都很糟糕。

⊙ 恩格定律
做起来越简单,改起来就越难。

⊙ 莱斯纳概念惯性定律
只要你有足够野心,你就永远不必行动。

⊙ 保尔森预言
凡是被用到尽的东西,都会坏掉。

⊙ 梅恩定律
没人理会大问题。

⊙ 罗伯逊定律
质量保证不保证质量。

⊙ 赖特质量定律
剩余工期越短,工程质量越高。

⊙ 公司计划定律
凡是可以调整的都会调整,直到没有时间再做任何调整。

⊙ 产品设计第七定律
没有什么问题大到不能掩盖。

⊙ 比奇定律
相同的零件都不一样。

⊙ **建筑基本定律**

尺寸足够,安装紧凑。

⊙ **迈斯纳定律**

任何厂家都不愿意用自己的产品。

⊙ **施兰克第一定律**

如果不成功,就把事情做大。

※ **推论**

事情做得越大,关注成败与否的人就越少。

⊙ **比顿最新电子产品公理**

如果你懂了,它就过时了。

⊙ **约瑟箴言**

没有什么比所谓的永恒还要短暂。

※ **推论**

没有什么比所谓的短暂还要永恒。

⊙ **奥斯本定律**

变量不变。常数有变。

⊙ **修改第一定律**

只有在方案做好以后,需要修改设计的有关资料才会交给设计者。

※ **推论**

如果方案不太复杂,而且有显而易见的对与错两种方案,那么明智的做法是先提出错误方案，以后改起来就快了。

⊙ 修改第二定律

看起来越是无伤大雅的修改，其影响就越深远，必须重新制定的计划也就越多。

⊙ 修改第三定律

如果设计临近尾声，却发现场地规格有误，那么重新设计总是比修改设计简单。

※ 推论

事先担心会受到干扰常常不现实，就算没有干扰也会有人给你制造一个。

⊙ 丢失英寸定律

星期五下午四点四十分以后，任何建筑设计的总规格都算不对。

※ 推论

1. 在那个时间，不到一英寸的小规格可能被直接忽略。
2. 到了星期一上午九点零一分，正确的合计数会自然出现。

⊙ 戈尔设计工程定律

1. 设计师的首要职责，就是为难生产部门并让维修人员手足无措。
2. 任何使用寿命最短的电路元件，都会被装在最难触及的地方。

⊙ 产品设计终极定律

问题无法解决，就当它是一种特色。

问题无法解决,就当它是一种特色

⊙ **第五设计定律**

设计缺陷会成堆出现。

⊙ **斯隆定律**

新款变化的吸引力应该大到令人对旧款感到不满。

⊙ **兰迪定律**

多就是丑。

MURPHY'S LAW

No.11
研究技能

⊙ 戈登定律
如果一个研究项目完全不值得做,就不值得好好做。

⊙ 威廉姆斯-霍兰德定律
只要有足够的数据,任何观点都可以用统计方法加以证明。

⊙ 艾丁顿理论
为了解释一种生物现象,需要建立各种假设,现有知识越多,假设数量就越少。

⊙ 哈佛定律
在严格控制压力、温度、体积、湿度和其他变量的情况下,实验生物完全为所欲为。

⊙ 修改第四定律
在艰苦细致地研究了样本以后,总是有人告诉你样本不对,不适合这项研究。

⊙ 费内格第一定律
如果实验成功,已经有事出错。

⊙ 费内格第二定律
无论预期结果是什么,总会有人急于:(a)曲解结果;(b)捏造结果;或者(c)认为结果符合自己相信的某种理论。

⊙ 费内格第三定律
在任何数据当中,看起来最正确的那个数据肯定有问题。

※ 推论

1. 你所求助的人都看不出问题所在。
2. 主动帮忙的路人却能一眼看出（问题）。

⊙ 费内格第四定律

事情一旦搞砸，任何改进措施都只会使它更糟。

⊙ 费内格规则

1. 要学好一门功课，开始前就要完全了解。
2. 一定要保存数据记录，它能说明你在干活。
3. 总是先画好曲线，再标上你的理解。
4. 如果没有把握，就要说得像真的一样。
5. 实验应该可以再现，它们应该以同样的方式失败。
6. 不要相信奇迹，要依赖奇迹。

※ 温戈箴言

学会了做事不经大脑这一简单技巧，就可以忽视所有费内格定律。

⊙ 精确性规则

在努力解决问题的同时，知道答案总是好的。

⊙ 杨氏定律

所有的伟大发现都来自错误。

※ 推论

研究经费越多，犯这种错误需要的时间就越长。

⊙ 帕金森医学研究定律

成功研究引来了更多经费，也阻碍了进一步研究。

◎ 费特实验室定律

不要重复成功的实验。

◎ 维肖夫斯基定律

没有什么实验可以再现。

◎ 特南波姆可重复定律

最有意思的结果只出现一次。

◎ 苏德尔定律

重复并不证明有效。

◎ 无效因素

实验肯定不会完全失败，至少还可以当成反面教材。

◎ 帕金森定律

科学进步的大小与学术期刊发表的论文数量成反比。

◎ 福里维德定律

只有傻瓜才能再现其他傻瓜的工作。

◎ 亨盖定律

研究越不重要，理解和同意的人就越多。

※ 推论

研究越重要，理解的人就越少。

◎ 现代科学手册

1. 绿色的或扭来扭去的,是生物学。
2. 有异味的,是化学。
3. 行不通的,是物理学。

※ 塞尔夫扩充现代科学手册

4. 弄不懂的,是数学。
5. 说不通的,是经济学或心理学。

⊙ **粒子物理学第一定律**

粒子寿命越短,制造成本越高。

⊙ **粒子物理学第二定律**

世界上找不到物质的基本构成单元。

⊙ **费尔森定律**

窃取一个人的观点是剽窃;窃取许多人的观点就是研究。

窃取一个人的观点是剽窃;
窃取许多人的观点就是研究

⊙ 帕夫鲁研究经济学规则

1. 否定清单上最新确立的原理。
2. 加上自己的观点。
3. 把清单往下传。

⊙ 实验室工作定律

烫手的玻璃杯看起来跟冰冷的玻璃杯一模一样。

⊙ 实验室工作人员基本规则

不知道自己在做什么，动作就麻利点。

⊙ 费内格规则

团队合作很重要。它可以让你怪罪别人。

⊙ 费内格信条

科学与事实相符，但不能被事实误导。

⊙ 梅氏地层学定律

关联程度与控制强度成反比。

⊙ 费色林德实验定律

1. 如果再现实验可能成问题，就只做一次。
2. 如果要求直线拟合，就只取两个点的数据。

⊙ 勒曼技术定律

只要有足够的时间和资金，任何技术问题都可以解决。

※ 勒曼推论

但时间或资金从来都不够。

⊙ 洛奇创新障碍辅助定理
除非事先知道结果,否则拨款方不会批准研究方案。

⊙ 赛氏科学定律
承认显而易见的事实有时需要几年时间。

⊙ 辛曼医学术语指南
"长期以来,大家都知道"——我没有查阅过原始资料。

"一个显而易见的明确趋势"——实际上这些数据毫无意义。

"虽然目前还无法提供问题的明确解答"——实验不成功,但我还是想发表。

"选了三个样本进行深入研究"——其他结果没有任何意义。

"典型结果的展示"——这是最漂亮的图表。

"后续报告中将出现这些结果"——如果有人强烈要求,或是有经费,将来我可能会抽时间做这件事。

"最可靠的结果由琼斯获得"——他是我的研究生;他的学位靠这个。

"根据我的经验"——一次。

"在一个又一个的事例中"——两次。

"在一系列的事例中"——三次。

"人们相信"——我认为。

"人们普遍相信"——其他几个人也这么认为。

"在一个数量级内是对的"——不对。

"根据统计分析"——据传。

"对这些发现的重要性进行了统计导向的推测"——胡乱猜想。

"认真分析可能获得的数据"——我打翻了一杯啤酒,毁掉了三页笔记。

"很显然,在完全理解这种现象发生之前,还需要做很多工作"——我没弄懂。

"在我的同事们进一步研究以后"——他们也不懂。

"感谢乔·布洛兹的实验帮助和安德里亚·西弗尔的宝贵讨论"——布洛兹先生做实验,西弗尔小姐向我解释实验含义。

"对于探索性研究非常重要的领域"——委员会选择的毫无价值的课题。

"希望这项研究将激发该领域的进一步调查研究"——我不干了。

⊙ 贝茨研究定律

研究就是要走进每条胡同,并以此判断是否此路不通。

⊙ 冯·布劳恩信条

当我不知道自己在做什么的时候,那就是在搞研究。

⊙ 韦斯特海默发现

在实验室花上几个月,往往还不如在图书馆花上几小时。

⊙ 兰德辅助定理

实验行不通,就怀疑实验;实验行得通,就怀疑理论。

⊙ 伯夏德定律

如果在同一个实验室做实验,实验结果经常与理论完全一致。

⊙ 艾伦研究定律

只要有经费,理论就站得住脚。

⊙ 霍伍德第六定律

如果得到正确的数据,问题就不对。

⊙ 验证技巧

1. 引证子虚乌有的权威。

2. 不厌其烦地简化。

3. 归因验证。

4. 最小惊讶验证。

5. 作弊验证。

6. 威胁验证。

7. 推迟验证。

8. 简化为一系列无关论点。

9. 收敛无关验证。

⊙ 麦克菲准则

物质不生不灭,但可能丢失。

MURPHY'S LAW

NO.12
技术墨菲学

⊙ 克里普斯泰恩通用工程定律

1．申请专利时，发现有独立工作者在一周前抢先提交类似申请。

2．时间安排越紧，交工日期就越不确定。

3．规格总是表示成最不方便的形式。例如，速度表示成每两个星期多少弗隆（译注：英国长度单位，一弗隆等于1/8英里或201.168米或660英尺）。

4．凡是按长度切好的电线都短了一截。

⊙ 克里普斯泰恩原型设计和生产定律

1．公差单向累积的结果，使得装配难度最大化。

2．如果项目需要N个零件，仓库里就有N-1个零件。

3．马达会反向运转。

4．容错电路会破坏其他电路。

5．为了保护灵敏的保险丝，受到保护的晶体管会首先烧坏。

6．设备在通过最后检验之前，不会发生故障。

7．购买的零件或仪器只有在检验以前才符合规格说明。

8．检修盖上的十六个螺丝都取掉了，才发现盖子卸错了。

9．检修盖上的十六个螺栓都拧紧了，才发现垫圈漏掉了。

10．仪器装配好了，才发现凳子上还有多出来的零件。

⊙ 帕蒂森电子学定律

如果电线可以有两种接法，第一种接法就会烧保险。

⊙ 法雷尔新奇小玩意儿定律

坏掉的零件总是最贵的那个。

坏掉的零件总是最贵的那个

⊙ **国际贤达工程师学会准则建议委员会关于菜鸟工程师的通用准则**

1. 计算中可能出现任何错误。
2. 任何计算错误都会导致最大损失。
3. 任何公式中的常量（特别是来自工程手册的常量）都应视为变量。
4. 实验室对使用情况的最佳模拟，根本应付不了实际使用情况。
5. 计划或方案中最重要的数据最有可能漏掉。
6. 项目招标中，如果只能出价一次，中标价就会高得离谱。
7. 试验装置运行良好，生产装置就会失灵。
8. 完工时间都必须乘以2。
9. 快要完工了，总会有人要求进行重大的结构调整。
10. 不可以装错的零件肯定会装错。

11. 可以互换的零件换不了。

12. 生产厂家的性能说明应该乘以0.5。

13. 销售人员的性能说明应该乘以0.25。

14. 与设备配套的安装说明与操作指南很快就会被收货的部门扔掉。

15. 所有需要维修或调节的设备都很难触及。

16. 说明书设定的运行条件会被突破。

17. 如果造成计算错误的不是一个人,谁都不负责。

18. 同样方法检验的相同部件,用起来就是不一样。

19. 在工程实践中,如果按照经验将安全系数设为一个极限值,马上就有一个聪明的白痴会设法超越所谓的安全系数。

20. 保修和质量保证条款在付款以后失效。

⊙ 克里普斯泰恩产品说明书定律

在产品说明书里,墨菲定律代替欧姆定律。

⊙ 库珀先生定律

一份技术文件中如果有一个单词你不懂,不用管它,没有它也完全说得通。

※ 波格维奇对库珀先生定律的推论

如果没有这个单词就说不通了,那么有了它仍然说不通。

⊙ 墨菲定律补遗

在严密的数学语言中,1+1=2,这里"="符号的意思是"几乎从来不"。

⊙ **斯科特第二定律**

每当查出错误并加以改正,就会发现原来根本没错。

※ **推论**

发现改错了,却改不回去。

⊙ **提尔扎克概率公理**

随机事件常常集中出现。

⊙ **哈茨不确定性原则**

模棱两可不是变量。

⊙ **一团糟的方程式**

1．只要有N个方程,就一定有N+1个未知数。

2．最需要的东西或资料最难得。

3．当你试过所有方法却还是不得要领,大家就会发现一个简单明了、显而易见的方法。

4．困难一个接着一个。

⊙ **斯金纳常数(弗拉纳根欺骗系数)**

当这个数乘以、除以、加上或减去你的答案时,就会给出你本该得到的答案。

⊙ **爱因斯坦观察**

因为数学定理与现实有关,所以它们是不确定的;因为它们是确定的,所以它们与现实无关。

⊙ **费曼数学定律**

没人愿意研究别人的公式。

⊙ 冯·诺依曼观察

在数学中,你不用了解什么,你只需要习惯它们。

⊙ 哥隆数学模型之十不要

1．不要相信一阶模型的三十三阶结果。

警句"不要全信"。

2．不要超出适用范围进行推断。

警句"不要贸然行事"。

3．在你明白模型所依据的简化假设并且能够测试其适用性以前,不要使用任何模型。

警句"只按规定使用"。

4．不要相信模型就是现实。

警句"不要吃菜单"。

5．不要扭曲现实以适应模型。

警句"普罗克拉斯提斯之床"。

（译注：普罗克拉斯提斯是希腊神话传说中的一个强盗,他将抓到的人放在一张铁床上,并把比床长的人砍掉一截,把比床短的人强行拉长。后来他被英雄提修斯用同样手法杀掉。）

6．不要让自己局限于单一模型。多几个模型可能有助于理解同一现象的不同方面。

警句"一夫多妻制合法化"。

7．不要保留难以置信的模型。

警句"不要白费力气"。

8. 不要爱上你的模型。

警句"皮格马利翁效应"。

（译注：皮格马利翁是希腊神话中的塞浦路斯国王，他雕刻了一尊美丽少女像并深深爱上了它。后来爱神阿芙洛狄忒被他打动，赐予雕像生命，并让他们结为夫妻。）

9. 如果不是为了充实任一门学科，就不要将A学科的术语用于B学科的问题。

警句"换汤不换药"。

10. 不要指望叫出魔鬼的名字就可以消灭它。

警句"朗普斯迪尔斯金"。

（译注：朗普斯迪尔斯金是格林童话中的一个小矮人，他帮助过王后，要求王后用她的孩子作为报答。他答应只要王后在三天内猜出他的名字，就可以不要孩子。王后屡猜不中。最后一个晚上，小矮人在藏身的地方边跳边唱"没人知道我的小把戏，我的名字是朗普斯迪尔斯金"，结果被王后的使者暗中听到。第二天，小矮人来到王后面前，王后叫出了他的名字，小矮人被活活气死。）

⊙ 爱因斯坦论数学与科学

1. 科学的全部不过是日常思维的升华。
2. 技术进步就像是握在丧心病狂的罪犯手里的一把斧头。
3. 不能用提出问题的思路去解决问题。
4. 如果A代表成功人生，那么A等于x加y加z。工作是x，y是娱乐，而z就是闭上你的嘴。

5. 有两种事物是无限的，即宇宙和人类的愚蠢；对前者我还不太确定。

⊙ 沃尔德观察

数学家什么都愿意假设，却什么也不愿承担。

⊙ 阿尔班纳克算法

在绘制函数曲线时，数据的精度越低，线条就应该越宽。

⊙ 应用数学第一规则

百分之九十八的统计资料都是捏造。

MURPHY'S LAW

NO.13
机械艺术

⊙ 威洛比定律

只要你打算证明机器运转不正常,它就会正常运转。

⊙ 瓦修斯基定律

任何东西都是易拆难装。

⊙ 鲁德尼基规则

拆不开的东西会自行散架。

⊙ 莱普无生命繁殖定律

只要拆装的次数够多,一件东西就会变成两件。

⊙ 安东尼车间定律

工具一旦落地,就会滚进车间里最难触及的角落。

※ 推论

你走过去捡,它总会先撞到你的脚趾。

⊙ 备件法则

掉下工作台的零件越小、对完成工作越重要,就越难捡。

⊙ 车间四法则

1. 要用的扳手或钻头不在工具箱里。
2. 多数工作要用三只手才做得了。
3. 剩下的螺帽从来配不上剩下的螺栓。
4. 项目计划越仔细,出错时就越乱。

⊙ 雷氏精度规则

用千分尺测量。

用粉笔标记。

用斧头切割。

⊙ **修理定律**

如果它没坏，你就修不好。

⊙ **聪明修补原则**

把一切都保护好。

⊙ **约翰逊定律**

所有机械装置都会在最尴尬的时间失灵。

⊙ **烦恼定律**

刚刚收好肯定不会再用的工具，马上又要用到。

⊙ **沃森定律**

参观者越多、级别越高，机器就越不可靠。

⊙ **威斯考斯基定律**

只要花时间摆弄，什么都能弄好。

⊙ **沙廷格定律**

要是插上电源会更好用。

⊙ **劳瑞定律**

卡住了就来硬的。坏掉了就换一个。

⊙ **施密特定律**

只要摆弄太久,什么都会坏掉。

⊙ 法德对立面定律
逼得太紧,就会把事情逼向反面。

⊙ 安东尼暴力定律
不要蛮干;给我一个更大的榔头。

⊙ 欧洛克规则
不要跟无生命的物体较劲。

⊙ 拉尔夫观察
不能让任何机械物体知道你有急事。

机械艺术

⊙ 卡恩箴言
什么办法都没用,就去看看说明书。

⊙ 多功能设备有关法则
设备功能越少,就越好用。

⊙ 贝塔制式法则
两种互不兼容的技术在市场上相互竞争,结果是优势技术落败。

⊙ 李氏电气维修定律
故障看起来越简单,隐藏的问题越多。

⊙ 莱夫斯规则
各种故障都赶在同一天发生。

⊙ 卡杰定律
凡是可调的,最后都需要调整。

⊙ 莫里斯装配悖论
即使一次就安装完成,还是漏掉了一些在安装之前要做的事情。

MURPHY'S LAW

No.14
电脑墨菲学

⊙ 不可靠定律
人难免犯错误，但要真把事情搞砸，还需要一台电脑。

⊙ 格瑞尔定律
电脑程序做的是你让它做的事情，而不是你希望它做的。

⊙ 克雷恩定律
所有电脑都以相同速度等待指令。

⊙ 霍洛维茨规则
一台电脑在两秒钟内出的错，跟二十个人在二十年内出的错一样多。

⊙ 罗宾斯规则
电脑可以比人干更多的活，是因为它们不用停下来接电话。

⊙ 贝琳达定律
处理的文件越重要，电脑就越可能死机。

⊙ 哈里斯告诫
真正危险的不是电脑跟人一样思考，而是人跟电脑一样思考。

⊙ 居里尔定律
电脑出错又快又准。

⊙ 明斯基准则
电脑天生就不知道自己在做什么，其实，多数时候，人也一样。

⊙ 布勒兹尼克电脑技术定律
应用电脑技术不过就是用对扳手拧对螺丝而已。

⊙ 汤普森稳定状态定律

磁盘的稳定状态就是磁盘已满。

⊙ 升级法则

老版本一旦删除,升级版就会发生故障。

※ 推论

老版本不能重新安装。

※ 病毒因素

没有扫描的文件就会有病毒。

⊙ 克罗默定律

数字显示器显示错误信息的精度前所未有。

⊙ 打印第三定律

你一离开打印机,它就会卡纸。

⊙ 布拉德利老生常谈

如果电脑变得过于强大,可以让它们加入委员会,累垮它们。

⊙ 墨菲电脑定律

1. 无论你有多少资源,从来都不够。
2. 如果程序竟然装进了内存并且还有足够的磁盘空间,那就一定会死机。
3. 如果程序尚未死机,它就会等到关键时刻再死机。
4. 所有元件都过时了。
5. 元件过时的速度与元件的价格成正比。

6. 除了最终用户,谁都无法查出程序中的Bug。

⊙ 摩尔定律(简化版)
每十八个月电脑性能翻番但价格减半。

⊙ J.T.技术支持定律
客户服务越好,电脑正常使用的时间就越短。

⊙ 程序员困境
程序设计就像两性关系,一次错误,终身服务。

⊙ 编程第八定律
修改规格适应程序容易,反过来就很难。

⊙ 操作系统法则
电脑是智慧的结晶。再高明的天才都可以在电脑系统设计中找到自己的位置。

※ 微软推论
要让复杂问题简单化,需要无数天才。

⊙ 切尔程序员相对性定律
如果程序编码与注释不符,两者都可能不对。

⊙ 佩里斯公理
电脑领域总是需要新的平庸。

⊙ 莉斯定律
花了几个小时登录繁忙的服务器,一登录就掉线。

⊙ 霍尔顿下载法则

下载越是接近完成,出现错误信息的概率就越高。

⊙ 下载因素

如果下载一个文件需要一个小时,就会有人在第五十九分钟拿起电话。

(译注:在拨号上网时代,上网时不能打电话,否则网络就会断掉。)

⊙ 希奇因特网定律

网站连接会选择最曲折的路径。

⊙ 赖卡特因特网定律

你打算点击的链接怎么都连不上。

⊙ 佩森因特网定律

最符合条件的搜索结果是死链接。

⊙ 麦克马洪规则

无论你搜索什么,至少会搜出一个色情网站。

⊙ 瑞斯纳因特网定律

越是快要搜出结果,你的浏览器就越可能死机。

⊙ 蒙哥马利404错误定律

你越是需要某个网站,就越有可能遇到"文件或目录未找到"。

⊙ 沙夫在线研究定律

凡是在网络上找到过两次的引证,不是表达不同,就是出处不同,或者两者都不同。

※ 推论

如果两个地方找到的表达和出处都一致,那么两个引证都不对。

⊙ 诺尔斯定律

1. 你越是急于搜出结果,搜到的无用链接就越是成倍增加。
2. 科技进步了,会正确使用语言的人少了。

⊙ 电子邮件定律

邮件发出以后,才会发现错别字。

⊙ 沙利文辅助定理

人工智能对付不了天生愚蠢。

⊙ 苏腾定律

最没有价值的电脑任务最有趣。

⊙ 麦克里斯蒂电脑格言

1. 备份文件总是不完整。
2. 只有当软件过时了,其中的Bug才能修补好。

⊙ 里利奥·贝瑟尔电脑箴言

把数据放入内存,要记住放在什么地方。

⊙ 斯坦贝克系统编程指南

不要测试你处理不了的错误情况。

⊙ 乔特曼编程公理

1. 试验程序运行正常,后续系统就会失灵。

2．至少在程序投入运行六个月以后,最有害的错误才会出现。

3．程序员都精通脏话。

⊙ 格里布不可靠定律

1．电脑不可靠,人类更不可靠。

2．依赖人类可靠性的系统都不可靠。

3．无法检测的错误千变万化,而可以检测的错误当然是有限的。

4．在可靠性方面的投入将一再增加,直到超过错误可能带来的损失,或直到有人坚持要去做一些有益的事情。

⊙ 墨菲技术定律

1．逻辑是满怀信心得出错误结论的一种系统方法。

2．电脑专注的时间只有它的电线那么长。

人难免犯错误,但要真把事情搞砸,还需要一台电脑

3．技术能力越强，管理水平越低。

⊙ 麦考利箴言

如果一套系统非常复杂，它就会在设计完以前建好，测试完以前投入使用，并在调试完以前作废。

⊙ 布鲁克定律

如果软件项目没有按时完工，增派人手会让它拖得更久。

⊙ 葛鲁伯电脑世界定律

1．模糊的项目目标在估算成本时可以避免尴尬。

2．计划欠妥的项目要多花三倍时间；计划周密的项目只要多花一倍时间。

3．调整程序的难度随着时间成倍增加。

4．项目小组不喜欢进度周报，因为它清楚表明他们缺乏进展。

⊙ 史密斯电脑修理定律

检修孔太小。

※ 推论

大小合适的检修孔位置又不对。

⊙ 墨菲电脑系统定义

"硬件"——可以用脚踢的电脑系统部件。

"软件"——没用的电脑系统部件。

"硬盘"——在最糟糕的时间罢工的电脑系统部件。

"外围设备"——与电脑系统不兼容的部件。

"打印机"——一不留神就会卡纸的电脑系统部件。

"电缆"——太短的电脑系统部件。

"鼠标"——参见诅咒。

"备份"——从未按时执行的操作。

"恢复"——不需要的时候表现正常的过程。

"内存"——不够的电脑系统部件。

"错误信息"——允许破坏自己数据的请求。

"文件"——找不到的电脑系统部件。

"处理器"——过时的电脑系统部件。

"说明书"——莫名其妙的电脑系统部件。

⊙ 系统开发的不同阶段

1. 狂热。
2. 幻灭。
3. 一团糟。
4. 找替罪羊。
5. 惩罚无辜。
6. 提拔无关人员。

⊙ 阿诺德文件定律

1. 应该在的,找不到。
2. 能找到的,过时了。
3. 只有没用的文件超越前两条定律。

⊙ 贾鲁克定律

只要买新电脑更划算，公司就会坚持修旧电脑。

※ 推论
只要修旧电脑更划算，公司就会坚持买最新款的电脑。

⊙ 毕加索公理
电脑没有价值。它们只能给你答案。

⊙ 奥斯本箴言
电脑并不聪明。它们不过是自以为是。

⊙ 斯鲁普箴言
宇宙的用户界面不算友好。

⊙ 鲁巴斯基自动化昆虫学定律
总会漏掉一个Bug。

MURPHY'S LAW

NO.15
政治手腕

◎ 利伯曼定律

人人都说谎,但是没人听,所以无所谓。

◎ 谎言定律

无论谎言被揭穿多少次,还是会有一定比例的人相信。

◎ 香肠法则

爱吃香肠和尊重法律的人,千万不要去看这两种东西的生产过程。

◎ 杰克恩民主政府公理

在立法会议期间,大家的生命、自由或财产都不安全。

◎ 立法活动定律

支持一项法案的游说团体越多,该法案在立法机关通过得就越快。

◎ 托德政治两原则

1. 不管他们在说什么,都不是全部真相。
2. 不管他们在谈什么,都是谈钱。

◎ 水门法则

报道政府腐败总是用过去时。

◎ 卡茨定律

个人与国家都只有在走投无路时才会理性从事。

◎ 埃尔德里奇战争定律

男人总是准备为信念献身,前提是他对这个信念不太明白。

◎ 派克政治主张定律

提案的正确程度与可信程度无关，反之亦然。

⊙ 政治承诺规则
真理并非一成不变。

⊙ 李氏定律
在跟社会团体打交道的时候，人们总会变得比以前更加俗气。

⊙ 埃文定律
大家都惊惶失措，而你却能保持镇定，那不过是因为你还被蒙在鼓里。

⊙ 安德拉政治假设
政党成立标志着一项政治运动结束。

⊙ 欧克立法原则
1．执法资源越多，法律就越完善。
2．恶法更有可能得以补充而不是被废除。
3．社会立法否定不了自然法则。

⊙ 古比鱼定律
如果将巨额费用分成很多笔小开销，每笔开销都不会因涉及太多公众利益而遭到质疑。

※ 推论
古比鱼太多会吃掉国库。

⊙ 威克定律

有多少的税收就有多大的政府。

⊙ 古德应对官僚的规则

如果政府救济不能解决你的问题，你就需要调整自己的问题，而不是要政府调整救济。

⊙ 布朗领导力规则

1．为了在政治上成功，你有必要经常超越自己的原则。

2．在政治上成功的最好办法，就是找到一群有某种目的的人，并走在他们前面。

⊙ 法律规则

证据对你不利，就质疑适用的法律。

法律对你不利，就质疑证据。

证据和法律对你都不利，就拼命喊冤。

⊙ 迈尔定律

你的位置决定你的立场。

⊙ 费布雷扩充迈尔定律

你的位置决定你的人际关系。

⊙ 沃尔顿政治定律

有钱的傻瓜很快当选。

⊙ 第五政治定律

政客所谓的了解，经常都是误解。

维基定律

好的口号可以让人五十年不去思考。

政治第一定律

和在野党保持联系。

罗宾斯政府最小最大规则

凡是最低标准都被用作最大值。

劳氏定律

成功总是不为人知，失败常常众目睽睽。

马歇尔立法第一定律

别让事实妨碍了深思熟虑的糟糕决定。

弗朗士愚蠢规则

一件蠢事就算有一百万人相信，还是一件蠢事。

桑塔亚纳观察

狂热包括在忘记目标的时候加倍努力。

卡尔文·柯立芝评论

没说过的话不必解释。

阿尔德规则

捍卫原则比坚持原则更简单。

梅恩定律

每一项决定，都有一个大小相等、方向相反的政府计划。

无论谎言被揭穿多少次，还是会有一定比例的人相信

⊙ 布克·T. 华盛顿规则
你在诋毁他人的同时，也贬低了自己。

⊙ 阿米箴言
你不可能一边寻求报复一边取得进步。

⊙ 林登·贝恩斯·约翰逊定律
如果两个人凡事都达成共识，可以肯定其中一人负责思考。

⊙ 海涅定律
应该宽恕敌人，但要等他们被绞死以后。

⊙ 阿美林哥尔箴言
政治是一种从穷人那里得到选票和从富人那里得到竞选资金的高雅艺术，办法是答应保护他们不受对方伤害。

托马斯·杰斐逊规则

延误总归比错误好。

漏油法则

只要逐步披露灾害的严重性，再糟糕的消息人们也能接受。

谢尔曼记者招待会规则

灾难将由代言人解释。

拉夫卡第一政治法则

说谎的政客无比真诚。

卡梅伦定律

诚实的政客一旦被收买，就会永远被收买。

达克政治法则

任何竞选改革都只会延续到权力更迭。

佩罗观察

多数政客唯一支持的就是改选。

诺兰定律

阻力最小原则使河流变得弯曲，让政客变得无耻。

沙菲尔定律

越是践踏原则的政客，活动能力就越强。

亨特定律

无论有多么无耻，每个政客都自认为值得尊敬。

⊙ 威尔逊政治定律

要想树敌，就设法改变一些东西。

⊙ 埃文定律

只要你放弃诚信，其他就简单了。

⊙ 阿布雷兹克政治定律

1．不用担心你的敌人，你的盟友才会害你。

2．预算拨款案越庞大，辩论时间就会越短。

3．想拍政客马屁，就把别人的功劳算在他的头上。

⊙ 政治民意测验规则

1．如果民意测验对你有利，就要炫耀测验结果。

2．如果民意测验对你极为不利，就要：（a）嘲笑并拒绝承认测验结果；（b）强调民心难测。

3．如果民意测验对你稍稍不利，就要像丧家犬那样博同情。

4．如果胜负难分，就要对自己的力量感到吃惊。

⊙ 劳伦斯定律

如果外交家说你去死吧，他的说法会让你盼着早点去。

⊙ 帕德罗斯定律

人们只会宽容那些与自己无关的事情。

⊙ 赛拉斯领导力法则

风平浪静的时候，谁都可以掌舵。

⊙ 基本政治推论

好口号胜过好办法。

⊙ 加尔布雷思政治定律
凡是说自己不会退出的人,说过四次之后,肯定会退出。

⊙ 政府自我实现定律
可行性研究花钱越多,项目就越可行。

⊙ 卡明定律
如果想要预测政客经济立法中的宏观经济政策,不要听其言,而要观其行。

⊙ 英奇箴言
如果狼保留不同意见,羊群通过的支持素食决议就会无效。

⊙ 萧氏政治法则
为了一方利益而牺牲另一方利益的政府,永远可以得到受益方的支持。

⊙ 法律规则
在票数接近的情况下,不要根据投票结果做出重大的政策变动。

⊙ 波特定律
谣言在被正式否认以前,不会有人相信。

⊙ 拿破仑观察
流氓行径有限;愚蠢行为无穷。

MURPHY'S LAW

NO.16
经济墨菲学

⊙ 霍恩格伦观察

在经济学家的圈子里,现实世界经常成为特例。

⊙ 马科斯货币均衡定律

人有钱了,很快变傻。

⊙ 海森伯格投资原理

你可能知道当前的市场走势,但你不可能知道将来的市场趋势。

⊙ 杰夫股票市场理论

买进股票越多,股价就会越低。

⊙ 米勒定律

例外验证了规则,也破坏了预算。

⊙ 巴克沃德定律

经济状况变好,其他就会变糟。

⊙ 德·巴尔扎克格言

每一笔巨额财富背后都隐藏着罪恶。

⊙ 瑟伯定律

数字里面没有安全,别的东西里面也没有。

⊙ 温菲尔德箴言

精确就是改正错误的总和。

⊙ 克雷恩定律

世界上没有免费的午餐。

⊙ 查尔斯·奥斯古德箴言
没有人觉得自己赚的钱太多。

⊙ 凯德预算定律
预算规模越大,资金分配效率越低。

※ 预算提示
预算只是一种让人在花钱之前和花钱以后感到焦虑的方法。

⊙ 格林定律
生意越难做,利润就越低。

MURPHY'S LAW

NO.17
学术的学问

⊙ H. L. 曼肯定律

能干的，去做事。

无能的，去教书。

※ 马丁扩充

教不了书的，搞管理。

⊙ 麦雷迪斯研究所生存定律

不要让你的专业导师知道有你这么个人。

⊙ 法埃尔教师定律

在你讲错以前，没人听讲。

⊙ 西格定律

括号里面的都可以忽略不计。

⊙ 法埃尔作业论文批改定律

每篇作业论文封面以下的每一页，不是上下颠倒就是反面朝上，都是你的事。下次同样如此。

⊙ 维纳图书馆定律

书里没有答案，只有交叉参考。

⊙ 课程安排定律

1. 如果你最想选的课程有N个位子，你就是第N+1个申请者。
2. 课程安排将使每个学生在课程之间浪费最多的时间。

※ 推论

如果偶尔能够连续安排两节课，两个教室就会分别位于校园的两端。

3．必修课的预备课程在这门课的下一学期才有。

⊙ 期末考试第一定律

计算器电池用了一个学期，却会在数学期末考试的时候没电。

※ 推论

就算你有备用电池，还是没电。

⊙ 期末考试第二定律

最难的一门期末考试，你竟然第一次与风情万种的班花坐在一起。

⊙ 实用恐怖定律

1．考试前复习笔记，最重要的部分无法看清。

2．复习得越多，对正确答案就越没把握。

3．期末考题百分之八十都将来自你翘掉的一节课和你没看过的一本书。

4．英国历史期中考试前一晚，生物老师布置了200页关于蜗虫的作业。

※ 推论

每个老师都认为，除了学习本门课程之外，你无事可做。

5．如果是开卷考试，你就会忘记带书。

※ 推论

如果是回家考试，你就会忘记住在哪里。

6．学期结束时你才想起，开学时选了一门课，却从来没去上过。

⊙ 纳塔利代数定律

在考试结束以前,你从来都不懂。

⊙ 西特高等教育定律
毕业必修的那门课程在你最后那个学期没有。

⊙ 墨菲学期论文规则
对完成学期论文最重要的书籍或期刊,在图书馆里找不到。

※ 推论
就算找到了,最重要的一页也被撕掉了。

⊙ 杜根学术研究定律
最有用的引证,却无法找到出处。

在考试结束以前,你从来都不懂

※ 推论
没有注明出处的引证，其出处却出现在一篇猛烈攻击你的评论中。

⊙ 罗明格教师规则
1．如果学生两次问你有没有看过他的读书报告，他肯定没看过那本书。

2．如果上课要点名，考试的时候就会有人缺席。如果上课不点名，考试的时候就会出现你没见过的人。

⊙ 达罗评论历史
历史会重演。这是一个历史性的错误。

⊙ 基本历史规则
历史不会重演，只是历史学家们互相抄袭。

⊙ 科尔曼评论桑塔亚那
那些不能从历史中吸取教训的人，注定会重复历史的教训。

⊙ 瓦莱里定律
历史是关于绝不再次发生的事情的科学。

⊙ 普雷斯奇考试定律
如果你不知道答案，就会出现这个问题。

⊙ 学生套套逻辑
老师绝不会在考试那天缺席。

⊙ 赫恩斯坦定律

不管课堂上有多少人,对老师的关注总量是不变的。因此,如果课堂人数增加,每个学生对老师的关注就会下降。

⊙ 基辛格箴言
恰恰因为争的是蝇头小利,大学政治才如此恶毒。

⊙ 普鲁塔克规则
自以为是的人无法学习。

MURPHY'S LAW

No.18
工艺技能

⊙ 拉夫塔的抱怨

没有人能够适可而止。

⊙ 哈定定律

你不可能只牵一发,不动全身。

⊙ 资奇定律

每天比大家期望的多做一点,很快大家就会期望你做得更多。

⊙ 哈里森公理

每一种行动,都有一种大小相等、方向相反的批评。

⊙ 桑德定律

项目建设的效率越高,它不得不拆除的可能性也越高。

⊙ 爱迪生观察

多数人错过了机会,因为机会穿着工装裤并貌似劳作。

⊙ 赫克特定律

不想做的事情,现在不拖更待何时?

⊙ 格罗斯曼辅助定理

值得做的工作都值得在昨天做。

⊙ 迪赫格言

简单工作却总是拖延,因为以后还有时间。

⊙ 帕金森第一定律

有多少时间就会有多少工作。人们认为工作的时间越长,工作的重要性和复杂性就会越高。

⊙ 帕金森第二定律

有多少收入就会有多少支出。

⊙ 爱因斯坦扩展帕金森定律

有多大的地方就会有多大的项目。

※ 推论

无论地方有多大,只要两个项目同时进行,它们就要用同一块地方。

⊙ 实用混乱定律

1．工厂忘记发货的那件设备占到发货总金额的百分之七十五。

※ 推论

工厂不仅是忘记发货,说不定货物还没有生产出来。

2．如果你等着卡车送货,平时一天送达的货物就会用五天。

3．已经在日程上安排了两个星期的意外延误,还要再增加两个星期意外的意外延误。

4．在任何设备中,只要有不应该标错的零件,工厂就会标错。

※ 推论

1．在任一组相同装配编号的零件中,有一个标错了。

2．直到你根据编号进行安装时,才会发现这个错误。

3．不要为此质问制造方。因为他们在所有的、包括没有的检验项目上都打过勾。

⊙ 霍夫斯特德就业法则

混乱创造就业机会。

⊙ 威斯考斯基原理

不管供应商或顾客使用什么单位,生产商一定会用自己的任意单位,这种单位只有通过怪异反常的转换系数才能换算成供应商或顾客的单位。

⊙ 伯恩水泥定律

每当浇注水泥,老天就会下雨。

⊙ 鲍尔索克斯工厂定律

如果你只有一颗钉子,它就会弯掉。

每天比大家期望的多做一点,
很快大家就会期望你做得更多

工艺技能

⊙ **第二工厂定律**

有四个螺杆,你就只能找到三个螺帽。

⊙ **多余部件法则**

把多余部件扔掉以前,你永远不会知道它的用途。

⊙ **库尔评论**

每个新项目都需要一种你没有的工具。

⊙ **梭罗观察**

人类已经成为自己工具的工具。

⊙ **机器规则**

1. 拆开再按照相反顺序复原的机器,就没用了。
2. 拧紧螺帽或螺栓时,最后一拧就会滑丝或折断。

※ **推论**

不拧最后一下,螺帽或螺栓又会松脱。

⊙ **产品测试定律**

从一组合格率达百分之九十九的零件中任选一个,却是不合格的。

⊙ **坎贝尔准则**

所谓地狱,就是一切都检验合格,却什么都不管用。

MURPHY'S LAW

NO.19
办公室墨菲学

⊙ 办公室墨菲学六定律

1．没有错误的重要邮件会在发送过程中产生错误。

※ 推论

在老板阅读邮件副本时，就会出现通信错误。

2．上班时间运行正常的办公设备，当你晚上为了私事回到办公室使用时却坏掉了。

3．维修人员一到，故障设备就一切正常。

4．信封和邮票在需要时粘不上，不需要时却粘上别的东西。

5．重要文件会自己从放置的地方移动到找不到的地方。

6．一切都怪最近辞职或被炒掉的那个人，直到又有人辞职或被炒掉。

⊙ 德夫里斯困境

如果你在打字机上不小心按到两个键，按错的那个键就会打到纸上。

⊙ 选择性监管理论

你难得靠在椅子上休息，正好被难得走过办公室的老板碰见。

⊙ 劳恩盖尔观察

提出愚蠢的问题比改正愚蠢的错误容易。

⊙ 波戈维奇定律

犹豫不决的人很可能是对的。

⊙ 斯特拉诺定律

要是什么方案都行不通，就试试老板的方案。

⊙ 布林奈尔定律

办公室墨菲学

你难得靠在椅子上休息，
正好被难得走过办公室的老板碰见

要是接到两条互相抵触的指令，都要执行。

⊙ 夏皮罗补偿定律
干活最少的人功劳最大。

⊙ 拖延定律
1．拖延减少了工作量，并将工作终止的责任推给别人（即规定最后期限的部门）。
2．拖延将项目预定质量从尽可能最好降低到在有限时间内可能最好，因而缓解了工作压力。
3．在别人和在自己眼里，拖延带来的压力都是身份的象征，因为重要的工作自然会有压力。
4．拖延常常可以避免干扰，包括不再安排其他工作，让有压力的工人可以专心做一件事情。

5. 拖延可以避免无聊，你不会感到无事可做。

6. 拖延可以不用做事，只要这件事在做完之前已经没有必要。

⊙ 多恩拖延定律

1. 只要会拖，就不用会别的。

2. 做得越慢，错得越少。

⊙ 杰夫拖延定律

勤劳将来获得回报，懒惰立刻遭到报应。

⊙ 汉普顿说教

不要一下子就把事情做好，因为没人知道这有多难。

⊙ 墨菲守时定律

守时的意思就是你的错误将准时出现。

⊙ 库艾尔咨询定律

报酬最高的生意出现在无法提供服务的时候。

⊙ 约翰逊定律

员工小病越多，公司经营越好。

⊙ 特利斯组织法则

资料存档了，知道它在哪儿却永远用不着。

资料没存档，要用的时候却总是找不到。

⊙ 桑迪兰定律

意外出现的空闲时间会被浪费掉。

⊙ 斯科特商业定律
不要两手空空走过办公走廊。

⊙ 便利办公室借口表
1. 我们一直这么做。
2. 我不知道你急着要。
3. 没有人让我做。
4. 我在等批准。
5. 我怎么知道这个不一样?
6. 这是他的事情,不是我的。
7. 等老板回来你再问他。
8. 我们错得不是很多。
9. 我以为这并不重要。
10. 我太忙了,实在没时间做这件事。
11. 我不是跟你说过吗?
12. 我领工资可不是为了干这个。

⊙ 德拉蒙德人事招聘定律
最合适的简历出现在招聘结束的第二天。

⊙ 德德拉定律
三层楼房里的电梯,十有八九不会等在你那一层。

⊙ 格鲁克定律

进了电梯不管靠在哪边,电梯按钮都在另一边。

⊙ 林奇定律
每当你放下行李,电梯就到了。

⊙ 自助餐厅定律
当你看好一种菜并去取的时候,就会被前面的人取走。

⊙ 拉什重力规则
在自动售货机旁掉落的硬币,分币会掉在附近,别的则会滚出视线。

⊙ 平托定律
本来是给人帮忙,结果却变成了自己的事情。

⊙ 康纳定律
保密资料会遗落在复印机里。

⊙ 科莱斯克定律
有一天如果你没什么好抱怨的,就要当心。

⊙ 朗森鸟类学箴言
跟火鸡共事,就很难与雄鹰翱翔。

MURPHY'S LAW

No. 20
社会墨菲学

⊙ 雪利定律

多数姻缘都般配。

⊙ 哈里斯抱怨

条件好的都有了对象。

⊙ 阿瑟爱情定律

1. 你喜欢的人都觉得你让他们想起另一个人。

2. 你终于鼓起勇气寄出情书,却在途中耽误太久,结果让你在对方面前出丑。

3. 别人的求爱新颖刺激,你的求爱却笨拙愚蠢。

⊙ 托马斯婚姻幸福定律

婚礼开销越多,婚姻持续越短。

⊙ 奥莱利观察

爱不会天长地久,塑料才会。

⊙ 墨菲丈夫第一定律

你在太太生日后第一次外出,就会看见送给她的礼物半价促销。

※ 推论

如果她也在场,就会认为你选择这件礼物不过是贪便宜。

⊙ 墨菲丈夫第二定律

你送给你太太的礼物从来没有邻居送给他太太的礼物合适。

⊙ 安吉拉箴言

最后一张礼品包装纸比最后一盒需要包装的礼物小了六英寸。

⊙ 夫妻规则
打鼾的人会先入睡。

⊙ 农夫信条
星期六晚上播撒燕麦，到星期天就祈求绝收。

（译注："播撒燕麦"指人们年轻时做的一些荒唐事，常常被认为具有某种性的含义。）

⊙ 露比亲密接触法则
你越是不希望别人看见你和某人约会，就越有可能碰见熟人。

⊙ 蔡特抱怨
如果你在朋友患难时伸出援手，他一定会记得你——在他下次患难时。

⊙ 约翰逊定律
假如几个月内只有三次好玩的社交活动，那就都会安排在同一天晚上。

⊙ 丹尼斯顿定律
美德本身就是惩罚。

（译注：转自谚语"美德本身就是回报"。）

⊙ 梅森协作定律
有朝一日当你为了某种目的想出卖灵魂时，它却供过于求了。

⊙ 简和玛莎美容院定律
在你打算理发的前一天，才会有人用最美的语言夸赞你的发型。

⊙ 吉莉定律

发型越烂,头发就长得越慢。

⊙ 雷诺气候学定律

发型越贵,风也越大。

⊙ 奇切斯特牧师定律

1. 如果天气特别差,来教堂的人就会减少。

2. 如果天气特别好,来教堂的人也会减少。

3. 如果教堂手册供应不足,来教堂的人就会多得出人意料。

⊙ 威泽瓦克斯公理

越是令人反应过度的消息,越不准确。

⊙ 信件定律

激发新思维的最好方法就是把信封粘上。

⊙ 米尔斯特德圣诞卡定律

最后一张贺卡寄出以后,你就会收到一张贺卡,而你却把这个人漏掉了。

⊙ 邮政投递定律

1. 情书、商业合同和寄给你的钱总是晚到三个星期。

2. 垃圾邮件当天送达。

⊙ 麦克劳林定律

每个家谱的重要位置都有一个伦敦来的约翰·史密斯。

⊙ 谣传规则

人们会相信一切事情,只要你压低声音。

⊙ 蚊子法则

两人一起在户外,蚊虫只叮一个人。

⊙ 罗恩少年观察

1. 到约会前一个小时,脸上才会冒出痘痘。
2. CD刮痕总是会划过你最爱听的歌。

⊙ 约翰逊和莱尔德定律

牙痛经常从星期六晚上开始。

⊙ 辛普顿少年机会定律

当机会来敲门时,你却戴着耳机。

⊙ 社会进化根本法则

天才不遗传。

⊙ 杜利定律

相信别人,但还是要切牌。

⊙ 米德定律

你遇到的事情,你认识的人都遇到过。

⊙ 巴克里奇定律

最后才笑的人大概没听懂笑话。

⊙ 社会进化第一定律

独身不遗传。

⊙ 法勃定律
需求催生一夜情。

⊙ 哈特利定律
不要和比你更疯的人上床。

⊙ 贝克哈普定律
美丽乘以智慧等于常数。

⊙ 帕尔多公理
人世间的美好事物不是非法的和不道德的,就是令人发胖的。

⊙ 彭尼上尉定律

接吻使两人靠得太近,以致相互都看不见缺点

你可以欺骗所有人一段时间，也可以一辈子欺骗某些人，但你骗不了你老妈。

⊙ 科尔先生箴言
地球上的智慧总量保持不变；人口却持续增加。

⊙ 斯蒂尔抄袭某人的哲学
人人都该相信点什么，我相信我会再来一杯。

⊙ 肯尼迪的一贯做法
不要发泄怒火，要还以颜色。

⊙ 琼斯座右铭
朋友会有增有减，仇人却会越积越多。

⊙ 麦克拉夫利补充琼斯座右铭
要想树敌，就去帮忙。

⊙ 凶杀理论
每个"10"里都有10个"1"。

⊙ 科恩定律
人分为正义者和邪恶者，由正义者来分。

⊙ 愤怒法则
别去安抚怒气冲冲的人。

⊙ 肯特家庭定律
不要因为天气而改变你的计划。

⊙ 到达定律
住得最近的人到得最晚。

⊙ 英语中最不可信的三句话
1. "支票已经寄出。"
2. "天亮了我当然会尊重你。"
3. "我是政府派来帮忙的。"

⊙ 伏尔泰定律
古代恶魔最值得尊敬。

⊙ 贝拉定律
吃得开的人肯定讨人嫌。

⊙ 贝尔斯定义
乡巴佬就是在你希望他倾听的时候,硬要说话的人。

⊙ 吐温观察
良好的教养包括不让别人知道我们有多么只顾自己而不管他人。

⊙ 诽谤定律
如果你指责别人,就会发现你也应该受到同样的指责。

※ 推论
别人身上的毛病中,只有那些我们也有的毛病才会烦人。

⊙ 戈尔斯蒂克规则
善待每一个和你交谈的人,因为你不知道谁会决定你的命运。

⊙ 墨菲第一减肥定律
你不想减掉的地方最先瘦。

⊙ 科莱尔常数
凡是艺术相片，都会在一定程度上让人觉得完全不像本人。

⊙ 拉夫卡另类建议
不要相信把"party"用作动词的人。

（译注："party"的名词含义是政党，动词含义是参加聚会。）

⊙ 奥纳西斯箴言
没有了女人，世界上的所有财富都将失去意义。

⊙ 诺曼定律
男人在婚前都不知道什么是真正的幸福。当然，知道的时候已经晚了。

⊙ 特里斯坦定律
越想要的，越得不到。

⊙ 雅思雷克观察
接吻使两人靠得太近，以致相互都看不见缺点。

⊙ 汤姆定律
当你终于碰见完美的女人，她却还在等着完美的男人。

⊙ 女权主义者格言
女人不需要男人，就像鱼不需要自行车。

⊙ 弗里德曼回应女权主义声明

男人不需要女人，就像脖子不需要疼痛。

⊙ 莎拉定律
到了夏日的最后一天，你却还没开始夏日恋情。

⊙ 清教徒法则
感觉不错，就不要做。

⊙ 伊丽莎白·泰勒观察
一般而论，那些没有缺点的人肯定有一些非常烦人的优点。

⊙ 罗根抱怨
即使最好的朋友也无法参加彼此的葬礼。

MURPHY'S LAW

NO.21
家居墨菲学

⊙ 吉列电话动力学定律

一出家门,等了半天的电话就来了。

⊙ 弗兰克电话现象

如果你有笔,就没有纸。

如果你有纸,就没有笔。

如果你笔和纸都有,就不用留言。

⊙ 英贝斯污垢保持定律

为了清洁一种东西,另一种东西肯定会变脏。

⊙ 弗里曼扩充

但不做任何清洁也可以把到处变脏。

⊙ 录像机规则

录像机最贵的特殊功能从来都用不上。

⊙ 沃尔特爵士定律

对烟雾越敏感,来自香烟、烧烤和篝火的烟雾飘到脸上的可能性就越大。

⊙ 奥赖利厨房定律

清洁近乎不可能。

(译注:古代希伯来有一句谚语,"清洁近乎虔诚"。)

⊙ 七条厨房混乱定律

1. 多功能的小工具,哪项功能都不好用。

※ **推论**

工具越贵,就用得越少。

2. 说明书越简单(比方说"按这里"),包装就越难拆。

3. 你在旧书里发现了一份家传菜谱,却看不清关键的分量。

※ **推论**

当你把所有其他食材都拌好以后,才发现看不清菜谱上的分量。

4. 菜一旦做砸,无论加什么进去都只会更糟。

5. 受到称赞的总是那些毫不费事的菜肴。

※ **举例**

如果你做的是"鲜橙烩鸭",受到称赞的就是烤土豆。

6. 你专门上街去买的一种食材,却让客人过敏。

7. 做饭花的时间和精力越多,吃饭期间客人一直谈论另一次饭局的可能性就越大。

⊙ **哈蒙德厨房定律**

1. 只是为了并非真心邀请的家庭和客人,你才会烤蛋奶酥,并打发奶油。

2. 臭鸡蛋打进了蛋糕糊。

3. 刚刚放进洗碗机的厨具,马上又要派别的用场;刚刚装过液体的量具,马上又要装干的食材。

4. 做饭时间越长,吃饭时间就越短。

5. 你准备的每道菜都有人在午饭时吃过。

⊙ 厨师工作定律

1．如果你担心肉没拿出来解冻，就是没拿出来。

2．如果你担心咖啡壶的插头没拔掉，就是没拔掉。

3．如果你担心是否该在回家时顺道买面包和鸡蛋，就是该买。

⊙ 聚会定律

菜做得越多，客人吃得越少。

⊙ 韦勒夫人定律

只要剁得碎，什么都能吃。

⊙ 法士纳家居规则

刀子钝得什么都切不了，却总是能伤到你的手。

⊙ 汉密尔玻璃器皿清洗规则

你擦洗的那块污渍总是在玻璃的另一面。

※ 推论

要是污渍在玻璃里面，你就够不到。

⊙ 伊格尔定律

洗衣机只有在洗涤阶段才会坏。

※ 推论

1．所有故障都出现在水暖工的休息日。

2．修理费可以这样算：等于新外套价格的1.75倍，或等于新洗衣机价格的0.75倍。

⊙ **沃克家居定律**

脏衣服总是比干净衣服多。

※ **克莱夫反驳沃克定律**

洗衣房不可能干净。

⊙ **斯卡夫定律**

小孩不会弄洒在脏地板上。

⊙ **范·罗伊定律**

弄不坏的玩具可以弄坏其他玩具。

⊙ **妈妈定律**

凡是比你的孩子聪明的,都是爱显摆的孩子。

⊙ **做成一件事的三种办法**

1. 自己做。
2. 请人替你做。
3. 不要让你的孩子做。

⊙ **F. P. 琼斯观察**

孩子总是出乎意料。不知道他们下一次又会惹出什么让人哭笑不得的麻烦。

⊙ **戴维斯格言**

可以为了孩子的安全改造家居,但他们还是会遇到安全问题。

⊙ **普利阿姆公理**

不要走进任何软的东西。

⊙ 克里弗定律

不要站在狗与消防栓之间。

⊙ 备用纽扣法则

有备用纽扣的衬衣从来不掉扣子。

⊙ 费格斯夫人观察

只有在扔掉一只袜子以后,另一只袜子才再次现身。

⊙ 机会定律

只有当你进了洗手间,全世界才会蜂拥到你家门前。

菜做得越多,客人吃得越少

⊙ 利加-杰森定律

开始拉绳的时候,窗帘都会移向错误的方向。

⊙ H.菲什动物行为定律

猫爱不爱吃饭跟猫粮价格完全无关。

⊙ 帕金森定律菲斯克青少年推论

垃圾食品有多少,胃口就有多大。

⊙ 巴朗斯相对定律

一分钟有多长,取决于你是在厕所里面还是外面。

⊙ 客人定律

不要把忍耐和殷勤搞错了。

⊙ 奥斯丁定律

别人家的东西更好吃。

⊙ 布里特绿拇指公理

越便宜和越难看的室内植物,活得越长。

⊙ 马凯特家居修理定律

1. 要用的工具刚好够不着。
2. 第一次买的替换零件尺寸不对。
3. 新工具买来,丢失的旧工具就会马上现身。

⊙ 马隆家居定律

要是整天等着,修理工一天都不会来。要是刚出门五分钟,他就来了又走了。

⊙ 明顿油漆定律

不管油漆质量如何、是什么成分，不小心涂上就再也去不掉。

⊙ 园艺定律

1．别人的工具只有在别人的花园里才好用。

2．花哨的小玩意儿没有用。

3．如果没人用，肯定有原因。

4．买来的东西大多用不着。

⊙ 重播定律

一部电视剧如果你只看过一次，然后你再看一次，就会看见上次那集重播。

⊙ 约翰电视节目定律

1．如果只有两个节目好看，它们就会同时播出。

2．唯一好看的新节目会停播。

3．你盼了一个星期的节目会换成别的节目。

⊙ 贝丝通用法则

1．当你在门口摸索钥匙时，电话就会响。

2．等你接起电话时，刚好听见对方"咔嗒"一声挂了。

⊙ 库瓦克之谜

要是拨错号码，从来不会占线。

⊙ 贝尔原理

才进浴缸，电话就响。

⊙ **莱恩应用帕金森定律**
仓库有多大，财物就有多少。

⊙ **林沃德居家几何定律**
凡是台面都会很快堆上东西。

⊙ **菠萝法则**
事物的精华总是与其糟粕难舍难分。

⊙ **奥图尔格言**
一个孩子不够，但两个又实在太多。

⊙ **用餐者困境**
干净领带，例汤最爱。

⊙ **戴森烹饪定律**
黄油越硬，面包就会越软。

⊙ **伍德赛德食品店法则**
破掉的袋子总是装鸡蛋的那个。

⊙ **艾丝特定律**
谁的咖啡杯有破口、玻璃杯有口红或食物里有头发，谁就会最挑剔。

⊙ **波普定律**
破口的盘子就是不碎。

⊙ **宠物法则**

猫、狗无论在门的里边还是外边，它们都要去另一边。

⊙ 西摩投资法则
不要投资活物。

⊙ 猫的失望定律
当你的猫在你腿上入睡，显得既满足又可爱，你就会突然想上厕所。

⊙ 博伦的猫定律
吃不准，就洗洗脸。

⊙ 霍洛维茨定律
每次打开收音机，都会听到你最喜爱的歌曲接近尾声。

⊙ 伯克夏家庭预算定律
刚刚做到收支平衡，就会有人打破平衡。

⊙ 墨菲食物定律
1. 凡是你爱吃的都对你有害。
2. 对你无害的，你也买不起。
3. 买得起的，也过季了。
4. 凡是菜谱，都需要一种在你厨房里没有的食材。
5. 替代品的味道完全不对。
6. 烤箱烘烤不是过度就是不足。微波炉加热同是过度与不足。
7. 如果不写购物单，你就会忘记最重要的东西。
8. 如果你写了购物单，最重要的东西就会缺货。
9. 除了你想买的，商店里的所有商品都打折。

10. 优惠券总是在你有机会使用之前过期。

⊙ 兰菲尔德烹饪定律
对人类来说,发明一道新菜比发现一颗新星更有好处。

⊙ 艾萨克古怪的变质规则
本来坚硬的食物,一旦变质就会变软。本来柔软的食物,一旦变质就会变硬。

⊙ 芭芭拉定律
嘴里有食物时,千万不要说"哇"。

⊙ 成年孩子抱怨
妈妈说过会有这样的日子,但没说会有这么多。

MURPHY'S LAW

NO. 22
驾驶技能

◉ 施耐德定律

凡事不可能一蹴而就。

◉ 查诺克爷爷定律

学会开车,你才能真正学会骂人。

◉ 生命之路定律

如果一路绿灯,那就走错路了。

◉ 儿童相对论

在快速行驶的车辆上,时间过得比较慢。

◉ 雅典娜礼貌驾驶规则

如果你让别人超车,结果就是:

(a) 前面的车最后一个通过铁路道口,而你只好等待又长又慢的列车通过;

(b) 你们去往同一个目的地,但最后一个车位被那辆车占了。

◉ 莱马停车公理

你只好在六个路口以外停车,然后你发现大楼门前出现了两个新车位。

◉ 麦基定律

匆忙赶路的时候,你刚把车停稳,绿灯就亮了。

◉ 奎格利定律

在废弃公路上相向行驶的轿车和卡车,将在狭窄的桥上会车。

◉ 交通第一定律

只要你一换道，那条堵住你的车道就会动起来。

⊙ **瑞斯定律**
超车路段越长，对面来车越快。

⊙ **米勒保险定律**
除了发生的事故，什么都保了险。

⊙ **米尔斯特德驾驶定律**
每当你想在红灯时停车化妆，就会一路绿灯。

⊙ **拉夫卡驾驶定律**
每当需要左转，路上才会有车。

⊙ **德鲁公路生物学定律**
第一只撞上干净挡风玻璃的虫子，刚好挡在你的眼前。

⊙ **格雷公交车定律**
只有当那些本来想乘车的人快要走到终点、不用乘车时，公交车才会姗姗来迟。

⊙ **卡伦斯定义**
公交车总是在马路对面开往相反的方向。

⊙ **雷尼公共交通定律**
如果你开始步行，当你刚好走到两站中间，公交车就来了。

⊙ **乔安娜汽车定律**
"备用"车在日常用车坏掉之后也会坏掉。

⊙ 自行车定律

不管你骑车走哪条路,都是上坡顶风。

⊙ 汉弗莱斯自行车定律

路程最短,坡度最陡。

⊙ 坎贝尔汽车修理定律

1. 可以摸到故障零件,却没有拆卸工具。
2. 可以拆下故障零件,却没有现货。
3. 要是有现货,却发现这个零件根本不用换。

⊙ 布朗伯格汽车修理定律

1. 必要的时候,身边的任何工具或物品都会变成榔头。

如果一路绿灯,那就走错路了

2. 再小的修理，最后也会浑身油污。
3. 必要的时候，公制和英制工具可以互换使用。

⊙ 菲莫汽车引擎修理定律
要是你掉下什么东西，它肯定掉不到地上。

⊙ 洛伦兹机械修理定律
每当你手上沾满油污，鼻子就开始发痒。

⊙ 费尔玛基汽车修理定律
那个只用了两个螺栓固定的东西，正好在一个用了八个螺栓固定的东西后面。

⊙ 库萨克观察
驾驶员一侧的雨刮总是会最先磨损。

※ 推论
最大的污渍会挡住视线。

⊙ 兰德尔汽车定律
轮胎打折促销结束以前，不会爆胎。

⊙ 罗伯特的抱怨
等你熟悉了城里所有的近路和隐秘的停车地点，你就会被调往另一个城市。

⊙ 海曼公路假设
两点之间的最近距离总是正在施工。

⊙ 本尼迪克特公交专用车道定律
等你转入公交专用车道，其他车道的通行速度也加快了。

⊙ 格雷伯恐怖思考
百分之八十的人都认为自己的驾驶水平中上。

⊙ 德尔停车假设
要是停车场里只剩下两辆车，一辆就会挡住另一辆。

⊙ 丽塔规则
你唯一一次停车没刷表，不巧碰见每天一次例行检查的咪表女警。

⊙ 加诺斯拉夫斯基定律
你的行李越重，你的车就只能停在距离公寓越远的地方。

MURPHY'S LAW

NO.23
旅行墨菲学

墨菲定律 MURPHY'S LAW

⊙ **沃尔特定律**
如果有时间，你就没有钱。如果有钱，你就没有时间。

⊙ **帕森护照定律**
谁都比自己的护照相片好看。

⊙ **卢恩规则**
只要你不在乎自己在哪里，你就不会迷路。

⊙ **考夫曼机场定律**
离登机口越远，离飞机起飞时间就越近。

⊙ **罗杰斯定律**
空中小姐送上咖啡，飞机就会遇到气流。

⊙ **戴维斯解释罗杰斯定律**
飞机上供应咖啡会导致气流。

如果有时间，你就没有钱。
如果有钱，你就没有时间

⊙ 行李基本法则
不管你等的是哪一条传送带,你的行李都会出现在另一条传送带。

⊙ 奥利弗定位定律
无论你去到哪里,你都在那里!

⊙ 旅行第一定律
去往某地总是比从那儿回来要花更多时间。

⊙ 航班定律
你搭乘的航班晚点,你转乘的航班却正点。

⊙ 斯蒂泽度假法则
在为度假准备行李时,少带一半衣服,多带一倍现金。

⊙ 凯利导航定律
所有地图上最重要的信息都在折缝处。

⊙ 日食法则
为了观看日食的旅行距离越远,云层覆盖的概率就越高。

⊙ 汽车租赁定律
凡是有多家租车服务的机场,其他公司的服务巴士都比你租车的那家公司来得早。

⊙ 杰夫租车定律
在给租赁汽车加油的时候,十有八九油箱与加油泵会各在一边。

MURPHY'S LAW

NO.24
运动墨菲学

⊙ 聪明球迷的抱怨
傻瓜们一拥而入抢占好位子。

⊙ 布雷达规则
看比赛时,座位离过道最远的人来得最晚。

⊙ 莫泽观赏运动定律
只有当你看记分板或出去买热狗时,精彩瞬间才会出现。

⊙ 维克棒球定律
座位票价越贵的人,比赛知识越少。

⊙ 鲍勃电视体育定律
在比赛插播广告时换台,结果另一场比赛也在插播广告。

⊙ 吉姆·莫雷竞技场规则
1. 表现如此糟糕,教练必须炒掉。
2. 应该换掉场上的四分卫。
3. 自由球员不便宜。
4. 冰球是一种客队很难对抗主队的比赛。
5. 有本事的去纽约。

(译注:指美国职业棒球大联盟中最好的纽约洋基队。)

⊙ 无可争辩的运动合约定律
自由球员的合同金额越高,下个赛季的作用就越小。

⊙ 诺克斯明星品质法则
一旦超级球星转入你喜爱的球队,他就会大失水准。一旦无名小卒转出你的球队，他就会变成明星。

⊙ 麦卡锡准则
教练必须聪明到熟悉游戏规则，但必须愚蠢到认为规则重要。

⊙ 赫兹伯格机翼行走定律
在抓住别的东西之前，千万别松手。

⊙ 肯恩定律
飞在空中的颗粒会找到离它最近的眼睛。

⊙ 特尔曼创新定律
如果田径队想赢得跳高比赛，就要找一个能跳七英尺的人，而不是找七个能跳一英尺的。

⊙ 拉维亚网球定律
普通球员的水平会下降到与对手相当。

⊙ 左撇子戈麦兹定律
只要你不投球，他们就打不到。

⊙ 练习定律
理论上行得通的方法在实践中行不通。
实践中行得通的方法在比赛时行不通。

⊙ 塞格斯塔德定律
轮到你时，他们就改规则了。

⊙ 扑克法则

不要在扑克牌友面前表演纸牌魔术。

⊙ 斯腾德鲁普定律
落后得越早,后来居上的机会就越多。

⊙ 瓦格纳体育报道定律
只要镜头对准男运动员,他就会吐痰、挖鼻孔或者抓痒。

⊙ 道尔体育定律
更衣室只有两个人,拿到的储物柜却紧挨在一起。

⊙ 拉力赛规则
迷路以后赶上别人的唯一办法,就是在迷路时间方面创造纪录。

⊙ 波金汉垂钓定律
1. 新手总是能钓到大鱼。
2. 钓鱼线越乱,周围的鱼就越多。

⊙ 米切尔可能登山者规则
离山越近,山势越陡。

※ 福罗森汉推论
看山距离近,实际距离远。

⊙ 谢登海姆徒步旅行定律
山路都是上坡居多,平路或下坡少。

⊙ 桥牌定律
永远是搭档的错。

⊙ 史密斯桥牌定律

1．如果你手上有一个花色是单张或缺门，你的搭档就会叫那个花色。

2．如果你手上有方块K、J、9和黑桃A，你左边摊开的明手就会有方块A、Q、10和黑桃K。

3．如果你做庄家，对手的将牌分布总是对你不利。

⊙ 托马斯棋牌游戏定律

最不想玩的那个人总是赢家。

⊙ 吉尔伯特运动会定律

无论你在哪里停车，你的座位都会在体育场的另一边。

⊙ 安东体育场馆定律

只要门票降价，停车费就涨价。

最精彩的表演出现在你出去买啤酒的时候

⊙ 体育场服务法则

商店越少,食品和服务的质量就会越差。

※ 推论

如果只有一家特许商店,价格就会贵得离谱。

⊙ 马奎尔法则

最精彩的表演出现在你出去买啤酒的时候。

⊙ 艾米丽体育比赛定律(超级碗法则)

比赛越是令人期待,就越是没劲。

⊙ 洞穴探险第一定律

不要钻进比你的脑袋还小的洞里。

⊙ 厄乌高尔夫定律

任何挥杆进步都只能持续三个洞。

⊙ 泰勒推击法则

只要你打得够重,任何推击都走直线。

⊙ 格罗斯高尔夫定律

只有在你购买以前,样品球杆才好用。

⊙ 费尔特高尔夫定律

第一次攻上果岭,就会第一次出现三推。

⊙ 布洛赫定律

要是你对着你的球大喊大叫,那么只有当你发出错误指令时,它才

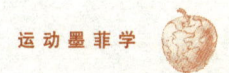

会听话。

⊙ 斯德定律
如果你赢不了第一个,你就不可能个个都赢。

⊙ O.J.辛普森定律
在最后失败以前,输赢都无所谓。

MURPHY'S LAW

No.25
法律墨菲学

⊙ 杰弗逊预见法则

律师的工作就是什么都怀疑、什么都不创造以及说话按时间收费。

⊙ 奥本海默训诫

对法律的无知不影响打输官司的律师收费。

⊙ 帕森斯定律

在城市当中,一个律师无法生存,两个律师就会生意兴旺。

⊙ 道尔顿定律

无能的律师可以让案子拖上几年。优秀的律师拖不了那么久。

⊙ 律师笑话定律

律师笑话的问题在于,律师不觉得好笑,其他人又不觉得那是笑话。

⊙ 门德尔松先生定律

九成麻烦来自一成客户。

⊙ 奇泽姆区别

胜诉酬金的意思是,官司输了,律师什么都得不到;官司赢了,你就什么都得不到。

⊙ 鞋匠的孩子法则

律师事务所自己的法律文件从不规范。

⊙ 斯托瑞刑事起诉法则

越是罪孽深重就越是拼命抵赖。

⊙ 梅尔卡多定律

如果你帮助客户逃脱汽车盗窃罪指控,他就偷走你的汽车。

⊙ 杜鲁专业实习定律

付钱最少的客户抱怨最多。

⊙ 盖提耶里惰性定律

有决心,就有惰性。

⊙ 律师格言

有遗嘱,就有官司。

⊙ 格林规则

用大号字让步,用小号字反悔。

⊙ 鲁尼规则

印成小号字的肯定不是好消息。

⊙ 米什拉夫定律

不要相信自称刚刚促成了什么事情的律师。

⊙ 吉伯定律

所谓无限,就是一个律师等着另一个律师。

⊙ 克莱恩合同法规则

丢失的那份文件里有其他所有文件需要的信息。

⊙ 合同谈判定律

1. 每个无法接受的提议都有一个大小相等、方向相反的无理要求。
2. 赢来的让步被主动的妥协抵消。

没有什么比一部愚蠢的法律还要糟糕

⊙ 康宁汉合同定律
不同意合同修改建议的一方,最后才会看到合同文本。

⊙ 卢卡斯谈判定律
如果谈判各方在离开时都感觉上当受骗,就可以认为谈判获得了成功。

⊙ 费宁法官定律
损害赔偿金用于还债。

⊙ 可怕的现实
遗产计划不是为了在你死后保护你的财产,而是为了在你死的时候保护你的财产。

⊙ 门德尔松定律

1．律师费付清之前，案子不会结束。
2．世界上没有"我们的"律师。

⊙ 安德鲁·杨规则
只要一百个商人决定去做什么，就没有不合法的事情。

⊙ 麦肯德里希官僚不公定律
毫无例外，任何司法体系都存在着对法律的无知，但法律太多以致谁都弄不懂也记不得的司法体系，明显有失公正。

⊙ 斯普雷特法律规则
在任何情况下，无论你在哪里，不管你在做什么，都有可能遭到某项法令的指控。

⊙ 所罗门解决方案
总是给对方两个选择，其中一个是你正在寻找的选择，另一个则要差很多。

（译注：出自谚语"所罗门的审判"。面对两个都自称孩子母亲的女人，所罗门王提出将婴儿一分为二，结果孩子的亲生母亲为了保全孩子的生命而选择放弃。比喻使用计谋来智慧地判断真相。）

⊙ 格罗斯法庭定律
1．如果你出庭早，法官就会迟到；如果你出庭晚，法官就会准时。
2．即使你的案子在法庭日程表上排第一，它仍然会最后聆讯，除非你迟到。

⊙ 格罗斯审讯准备法则

你为审讯准备得越充分,诉讼延期的概率就越大。

⊙ 墨菲被告律师第二定律
你全力争取才得以保留的那个陪审员,却坚决认定被告有罪。

⊙ 柯特尼法院附录
越是重要的证据,越是得不到陪审团的关注。

⊙ 亨德森定律
说得越少,必须否认的也越少。

⊙ 比林定律
沉默最难反驳。

⊙ 伯根定律
没有什么比一部愚蠢的法律还要糟糕。

⊙ 罗莎律师事务所定律
1. 来电预约的客户从来不看自己的预约簿。
2. 在你用另一部电话拨号以前,这部电话从没响过。

⊙ 替代定律
在法庭上,墨菲定律替代了地方、州和联邦法律。

MURPHY'S LAW

No.26
医疗墨菲学

⊙ 史托克辅助定理

只要你的时间没到,就连医生也杀不死你。

⊙ 戴维斯医学相对论定律

要是你的病好了,很可能是你的医生病了。

⊙ 诊所法则

在候诊室等得越久,就越有可能被送到另一个候诊室,并重新开始候诊。

⊙ 莱文定律

总是在需要尿样之前刚刚小便。

⊙ 莱尔患者法则

就算医生说出了病名,并不等于他知道那是什么病。

⊙ 华纳处方法则

1. 只有成年人才打不开儿童安全药瓶。
2. 最后一天服的药片,数量总是不对。
3. 随餐服用的药片最难吃。

⊙ 麦茨警告

当心善于逃避麻烦的医生。

⊙ 巴拉克规则

所谓酒鬼,就是比他的医生还能喝的人。

⊙ 霍金斯说教

凡是达到说明书疗效的药品都是特效药。

⊙ 希克抱怨
不可能把病人一分为二来比较两种治疗方法，这太遗憾了。

⊙ 霍兰德医生定律
当你准备外出度假时，你就会被感冒病人传染。

⊙ 巴伦定律
当医生得了病，那就是他自己分内的事情。

⊙ 多尔曼第一定律
你头一次把结肠镜检查做砸了，而病人是律师。

⊙ 科克兰警句
做检查以前，想想假如结果是：（1）阳性或；（2）阴性，你会怎么办。如果答案相同，就不用检查了。

⊙ 伯恩斯坦训诫
放射科医生的诊断特点就是模棱两可。

⊙ 梅尔泽诊断定律
病人的康复并不能证明你的诊断正确。

⊙ 健康时尚定律
无论一种健康时尚多少次被证明为无效，还是有一些人会相信。

※ 推论
这种时尚越荒唐，信徒们就越坚定。

只要你的时间没到,就连医生也杀不死你

⊙ 护士第一定律

别让医生知道你比他们懂得多。

⊙ 沙利文护士定律

工作时忙里偷闲,却总是不巧遇到病人突发状况。

⊙ 斯威尼定律

只有当你把手机忘在家里,才会有急诊。

⊙ 莫哥特护士准则

1. 你发现自己总是和最讨厌的医生共事。

2. 要是你在一个医生面前出过错,你肯定还会在轮班时至少碰见他三次。

3. 和你关系不好的同事成了你的上司。

⊙ 特里斯科护士定律

1. 输液病人都在大厅另一头。
2. 越能干的医生越没空。
3. 胶布只有粘不住和撕不掉两种。
4. 每个病人同时都要打止痛针。
5. 拒绝打止痛针的病人,在你发安眠药时却都想打针。

⊙ 实习生第一定律

绝对不要对病人说"不熟悉这个"。

⊙ 包尔夫定律

输血越紧急,血型越罕见。

⊙ 夜班护士定律

只有当你的家人和朋友离开后,恐怖的护士才会出现在你的病房。

⊙ 病房规则

1. 便盆总是够不到。

※ 推论

要是你终于够到了便盆,它就会溅出来。

2. 唯一一次找到了呼叫按钮,还是不小心按到的。
3. 你越是急着想上厕所,输液线就越乱。
4. 刚睡着,就会有人叫醒你并给你一片安眠药。
5. 每个医院的职工都认为病人有听力障碍。
6. 胃口越好,病号饭就越难吃。

MURPHY'S LAW

NO.27
顾客学

⊙ **成就递减定律**

去年的总是更好。

⊙ **赫布洛克定律**

好产品会停产。

⊙ **戈德定律**

合脚的鞋子不好看。

⊙ **哈德利买衣服定律**

1．你喜欢的衣服，就是没有你的号码。

2．你喜欢的衣服，也有你的号码，就是不合身。

3．你喜欢的衣服，穿起来也合身，就是买不起。

4．你喜欢的衣服，穿起来也合身，你也买得起，却一穿就坏。

⊙ **芬曼讲价基本法则**

你想买的东西从来不打折。

⊙ **路易斯定律**

无论你花了多少时间和精力货比三家，一旦买下，就会有商家打折促销。

⊙ **贺西斯规则**

1．所谓"新款"和/或"改进款"都名不副实。

2．"新款"和/或"改进款"的意思是价格上涨。

3．"全新"、"焕然一新"或"超级新款"的意思是价格暴涨。

⊙ **麦高文广告格言**

要是商品的广告价格是"50元以内",保证不是19.95元。

⊙ 莫雷定律
1．不要问理发师你要不要理发。
2．不要问推销员他的价格便不便宜。

⊙ 格拉泽定律
如果标签上写着"均码",那就谁都穿不了。

⊙ 桑特多斯消费主义定律
60天的保证期会保证产品在第61天坏掉。

⊙ 贝丽尔定律
在你购买一种商品一周之后,《消费报告》就会刊登文章评论这种商品。

※ 推论
1．你买的那款被评为"不受欢迎"。
2．你没买的那款被评为"最佳选择"。

⊙ 萨维纳诺邮购定律
要是不写信投诉,就肯定收不到货物。
要是写了信,在投诉信寄到以前,就会收到货物。

⊙ 杨特订货法则
订货以后,就会出现其他许多价格更低、交货更快的货源。

⊙ 路易斯定律

在投诉信寄到以前,就会收到货物

每人限购一件,大家就会抢购。

⊙ 布鲁克零售定律

安全措施不安全。

管理层没办法。

促销卖不动。

客户服务没有用。

工人不干活。

⊙ 吉尔哈特定律

只要你找到自己喜欢的东西,就买足一辈子的用量,因为它们就要被停产了。

⊙ 海伦低价购物定律

如果你没有在第一时间买下,等你再回来买的时候,它已经卖完了。

⊙ 墨菲供应定律

如果你不需要也不喜欢一种东西,这种东西常常到处都是。

⊙ 兹林斯基零售定律

如果你想随便看看,店员就会前呼后拥;如果你想买东西,就一个店员都找不到。

⊙ 布思超市法则

不管你在找什么东西,别人的购物车都会挡住你。

⊙ 沃克定律

买得越急的东西越没用。

⊙ 保尔森规则

参加一项竞赛,然后就会被终身列入主办方的笨蛋名单。

⊙ 格拉斯钦-费根规则

1. 收购消息总是在你卖掉被收购公司股票的第二天发布。
2. 只要投入资金,久经检验的投资策略就会失效。
3. 就在你发誓这一辈子再也不碰股票的那一天,牛市又启动了。
4. 只有那些你不予理会的股市秘诀才会带来好运。

⊙ 罗宾营销规则

1. 你的市场占有率没有你想的那么高。
2. 所有竞争对手的目标市场占有率加起来至少等于150%。
3. 有市场不一定有顾客。
4. 当心缺乏真实市场的所谓需求。
5. 低价加远距运输胜过高价加近距运输。
6. 如果客户为自己的午餐买单,这笔生意就没戏了。

⊙ 莫雷定律

不要相信你听到或说出的任何事情。

⊙ 弗雷德里克营销定律

1. 不要把自己的炒作当真。
2. 不要在自己的营销中捞好处。

⊙ 零售商第三定律

顾客并不总是对的。

⊙ 过度推销定律

当你在捕鼠器上放奶酪的时候,一定要给老鼠留下空间。

⊙ 萨伊定律

晚餐本身创造需求。

(译注:经济学中萨伊定律最常见的表述是"供给本身创造需求"。)

⊙ 潘格尔广告法则

谁都不相信半真半假的说辞,但总有人轻信彻头彻尾的谎言。

⊙ 海外销售第一规则

所有海外付款都将以最差的汇率结算。

⊙ 银行法则

当你排到第一位时,银行柜员下班了。

※ 推论

"请到下一个窗口"指向的那个窗口也下班了。

MURPHY'S LAW

No.28
墨菲学与艺术

⊙ 伊利定律

戏服一穿好,自然就有戏。

⊙ 表演第一定律

无论发生什么意外,看起来都要像情节如此。

⊙ 琼斯出版定律

有些错误总是在书出版以后才会被发现。

※ 布洛赫推论

作者收到样书,首先就会翻到错得最离谱的那一页。

⊙ 摄影师定律

1. 最佳镜头在胶卷拍完以后才会出现。
2. 拍其他最佳镜头时,常常没打开镜头盖。

拍其他最佳镜头时,常常没打开镜头盖

墨菲学与艺术

⊙ **道林摄影定律**

错失一个拍摄时机,就想再买两件器材。

⊙ **迪兹自我意识定律**

名字被报纸印错的人名气越低,对此事的怒气就会越高。

⊙ **富勒新闻定律**

灾难或意外发生的地方越远,伤亡人数就要越多,否则就算不上新闻。

⊙ **戈德新闻定律**

关于错误的专栏文章也会有错。

⊙ **约翰定律**

创意就是隐藏资料来源的艺术。

⊙ **华莱士·伍兹绘画定律**

1. 不要画可以复制的东西。
2. 不要复制可以追溯的东西。
3. 不要追溯可以剪切和粘贴的东西。

⊙ **吐温论事实**

先要掌握事实,然后你就可以随意歪曲。

⊙ **T. S. 艾略特观察**

有的编辑写作不行,但多数作家也一样。

⊙ **装饰艺术品法则**

画框比画还贵。

⊙ 萨斯曼推论

买画讨价还价的人买画框不会讲价。

⊙ 施密特艺术指南

看画时边看边退，撞到的就是雕塑。

⊙ 自由职业艺术家定律

1. 只有接了低价急活以后才会出现高价急活。

2. 所有急活都要在同一天交工。

3. 你熬夜赶工的急活，结果至少在两天之内不用交工。

⊙ 卡尔森喜剧定律

1. 观众接受了你的假定，就接受了你的表演。

2. 不要用同一个假定讲三个以上的笑话。

⊙ 达人秀定律

同类表演中的最佳表演者，刚好就在你之前上场。

⊙ 耶林剧场定律

只有当你没有时间另寻座位，全场最高的那个家伙才会在你前排坐下。

⊙ 契诃夫定律

第一幕中墙上挂着的枪，到最后一幕它肯定会开火。

⊙ 巴特纳定律

笑到最后的人反应最慢。

MURPHY'S LAW

NO.29
时间墨菲学

⊙ 菲尼根定律
将来越是遥远,看起来就越美。

⊙ 西蒙命运定律
荣耀可能短暂,卑微却是永恒。

⊙ 邦贝克遗传定律
愚蠢会遗传;看看你的孩子就明白了。

⊙ 凯利观察
活在过去的一个好处,就是便宜。

⊙ 凯普定律
找回青春的最好办法就是重复曾经做过的蠢事。

⊙ 邓普尔性早熟法则
成人是退化的儿童。

⊙ 安德森箴言
人只能年轻一次,却可能幼稚一世。

⊙ 卡里洛的补充
年岁是成熟的高昂代价。

⊙ 莫里定律
没有人会老到学不会新的愚蠢。

⊙ 艾略特格言
孩子都是将来的前理想主义者。

⊙ 兴趣法则

几乎一切都比过去更流行。

⊙ 佩尔森定律

如果你毫不费力,你就在走下坡路。

⊙ 尼兹伯格定律

家里面谁生病,谁就是老大。

⊙ 塔鲁拉·班克赫德观察

如果我的生命必须重来,我愿意犯同样的错误,只是希望早一点。

⊙ 厄兹观察

无数人渴求长寿,但在雨中的周日下午,他们却无所适从。

⊙ 格兰姆斯定律

如果你感到事情不像当时看起来那么难以忍受,你就会有乡愁。

⊙ 库宾准则

面对自然的巨大威力,经过一代又一代人的不懈奋斗,人类才有了一点可观的成就。

⊙ 吐温观察

如果你戒酒、戒烟、不再狂欢,你不一定会活得更久,却会感到人生更加漫长。

⊙ 拉塞尔规则

不要为躲避诱惑而烦恼。当你老了,诱惑就开始躲避你了。

我回青春的最好办法就是重复曾经做过的蠢事

⊙ 萧伯纳准则
美德是无力的诱惑。

⊙ 彼得森法则
所谓传统,就是一些问题的解决办法,而这些问题已被遗忘。

⊙ 贝克尔章程
当你老了,你的生命就加速了。

⊙ 莱纳斯定律
巨大的潜力是最沉重的负担。

⊙ 赫胥黎论进步
技术进步只不过给我们提供了更有效的退步方法。

⊙ 奥格登·纳什定律
过去的进步可能是辉煌的,但它已过去太久。

⊙ 艾利斯定律
进步就是把一件麻烦事换成另一件麻烦事。

⊙ 恩格拉创新规则
创新需要绕开而不是依赖现有的专业知识。

⊙ 生存定律
重要的不是谁对,而是谁留下来。

⊙ 格哈德观察
我们正在进步。情况恶化的速度慢了下来。

⊙ 杰里定律
就算一切都不同了,并不等于一切都已改变。

MURPHY'S LAW

NO. 30
心理墨菲学

⊙ 奥布莱恩定律
事情从来就无需正当理由。

⊙ 格立姆成功准则
成功的秘诀在于真诚。要是你能够假装真诚,你就成功了。

⊙ 海尔格规则
先拒绝,再商量。

⊙ 布洛克教授座右铭
宽恕并牢记。

⊙ 雅各布定律
人难免犯错误,更难免推卸责任。

⊙ 艾德斯坦忠告
不用担心别人怎么看你,因为他们也在为此担心。

⊙ 第五规则
你太把自个儿当回事了。

⊙ 萨特观察
他人即地狱。

⊙ 帕斯卡论人类
对人明白得越多,就越喜欢我的狗。

⊙ 索尔克定律
快乐的秘诀就是尽量少去依赖别人。

⊙ 克罗默定律

什么都不信的人会相信那些人渣。

⊙ 拉罗什富科规则

我们都有力量去忍受别人的不幸。

⊙ 豪氏理论

有一些忠告太妙了，比方说，要爱你的敌人。

⊙ 莫里斯定律

谁都可以对自己承认错误，真正的考验是向别人承认错误。

⊙ 杰罗姆规则
说实话永远是最佳方案,当然了,除非你是一个特别优秀的骗子。

⊙ 汤姆林常识
人类为了满足对于抱怨的深切渴望而发明了语言。

⊙ 米兹纳定律
同病才能相怜,但相怜者不想同病。

⊙ 毛姆观察
放弃好习惯容易,改掉坏习惯难。

⊙ 阿伦定律
当人们知道你要走了,他们对你是那样的友善,着实令人吃惊。

⊙ 扎帕定律
氢气和愚蠢的行为在地球上无处不在。

⊙ 独立自主第一法则
你抗拒什么,就会变成什么。

⊙ 美利肯准则
所谓疯狂,就是用相同的方式做同样的事情,却指望有不同的结果。

⊙ 古铁雷斯定律
真正的自由无需选择。

⊙ 白令海差异
哲学是可能永远回答不了的问题。

⊙ 迪克辅助定理

就算你是偏执狂,他们还是会来抓你。

⊙ 拉尔森定律

很多人把记性不好当成了问心无愧。

⊙ 桑塔亚纳第一定律

明智就是疯狂得到充分的发挥。

⊙ 威廉·克劳德·菲尔兹准则

用微笑开始每一天然后尽快完事。

MURPHY'S LAW

NO.31
理论墨菲学

⊙ 墨菲研究定律

充分研究往往会支持你的理论。

⊙ 梅尔定律

如果事实与理论不符,一定不能保留。

※ 推论

1. 理论越大越好。

2. 只要有一半以上的实验结果与理论相符,实验就算成功。

⊙ 克拉克变革思想定律

在科学、政治和艺术等领域的每一种变革,都会引发三个阶段的反应。可以总结为三句话。

1. "不可能,不要浪费我的时间。"

2. "有可能,但不值得做。"

3. "我一直都说这是个好主意。"

⊙ 伟人规则

如果你非常钦佩和尊敬的某个人好像在沉思,他可能只是在想中午该吃什么。

⊙ 克拉克第三定律

凡是非常先进的技术都像魔术一样。

⊙ 斯托曼定律

思想不对自己的信徒负责。

⊙ 优势定律

先进理论的最初实践往往比不上落后理论的成熟范例。

⊙ 贝克定律

无生命的物体在科学上主要分为三类：没用的东西、坏掉的东西和丢失的东西。

⊙ 布拉奥定律

行之有效的技术不会随着新技术的问世而消失。

⊙ 埃弗雷特热力学定律

社会乱象总是与日俱增。只有通过非常艰苦的努力，才能使社会在一定范围内恢复秩序。不过，这种努力仍将在总体上给社会添乱。

⊙ 利维第二定律

只有上帝才能随机选择。

⊙ 迈耶定律

把事情复杂化很简单，而把事情简单化却很复杂。

⊙ 雷德定律

如果你遇到难题，就把它交给懒人，他会想出简单的处理办法。

⊙ 亨特定律

每个好主意都有一个不亚于它的优点的缺点。

⊙ 麦克白论进化

最佳理论本来就不是好理论。

⊙ 巴尔惯性原理

要科学家修改自己的理论，就像要警察修改法律。

◉ 萨根谬误

说人类不过是一堆分子，就像是说莎士比亚戏剧不过是一堆单词。

◉ 可靠性法则

自然法则与墨菲定律的不同在于，根据自然法则，你可以利用那些出错方式一成不变的事物。

◉ 达尔文定律

大自然一有机会就明显说谎。

※ 布洛赫补充

进化论者也一样。

◉ 科学进步第一定律

衡量科学进步，可以用曾经有效的定律出现例外的频繁程度。

※ 推论

1. 例外总是多于定律。

2. 已知的例外总是还有例外。

3. 等到掌握了例外，谁都不会记得对应的定律。

◉ 约翰定律

凡是在某个领域长期工作并做出过重大贡献的人，就有可能阻碍这个领域的发展，阻碍程度与他所作贡献的重要程度成正比。

◉ 曼恩普遍定律

如果科学家发现了可供发表的事实,这个事实就会变成他的理论中心。

※ 推论

而这个理论又会成为全部科学思想的中心。

⊙ 格雷布差错定律

在一系列计算中,差错往往出现在距离检查开始的位置最远的地方。

⊙ 罗伯特格言

只有错误永存。

⊙ 伯尔曼推论

一个人的错误是另一个人的资料。

如果你非常钦佩和尊敬的某个人好像在沉思,他可能只是在想中午该吃什么。

⊙ 机器人技术终极定律
真正的错误只有人为错误。

⊙ 杨氏定律
只有当你被自己的鞋子绊倒,你才会把鞋子捡起来。

⊙ 霍弗尔定律
当人们可以为所欲为时,他们经常互相模仿。

⊙ 皮尔斯瓦格定律
无论善恶,总会有报。

⊙ 悲惨世界星际法则
一切定律,无论是好是坏或重要与否,都必须严格执行。

⊙ 伯塞格公理
任何已知现象都可能有无数的合理假设。

⊙ 莉莉星际法则
所有定律都是现实的模拟。

⊙ 终极法则
顾名思义,在研究未知事物的时候,你当然不知道会出现什么结果。

⊙ 库珀星际法则
大量新定律产生大量新漏洞。

⊙ 迪乔瓦尼定律
书有多厚,定律就有多少。

理论墨菲学

⊙ **杰菲训诫**

有些事情无法了解，也无法知道究竟是哪些事情。

⊙ **穆尔定律**

凡是想要单独辨认的东西，就会发现它与宇宙间的其他万物紧密相连。

⊙ **科尔定律**

Coleslaw就是卷心菜沙拉。

⊙ **威尔伍德箴言**

有多么容忍，就有多么混乱。

⊙ **阿奎那箴言**

神灵超越生死，信徒难以逃脱。

⊙ **怀特的查帕奎迪克原则**

坏消息公布得越早越好、越详细越好。

⊙ **最后的定律**

可怕的结局好过无休止的恐惧。

⊙ **玛奇定律**

如果几件该出错的事情尚未出错，还不如早错早好。

⊙ **费内格的尼文定律**

宇宙反常倾向于最大化。

⊙ **兰氏定律**

自然法则是无情的。

⊙ 乌尔曼剃刀

如果愚蠢足以解释,就不必求助他人。

⊙ 迪尔相对论定律

人生苦短,但无聊的电影没完没了。

MURPHY'S LAW

No.32

神秘墨菲学

⊙ 詹姆斯法则
被误解的真理是最大的谎言。

⊙ 贺拉斯的告诫
当心貌似深刻的人。

⊙ 普丁黑德的论点
信仰就是相信你明知并非如此的事情。

⊙ 福尔摩斯说教
最好记住,整个世界都由他人组成,只有一个小小的例外。

⊙ 王尔德论人与上帝
上帝在创造人类的时候,多少高估了自己的能力。

⊙ 海森伯格定律
有的事情太严肃了,你只好拿它们开开玩笑。

⊙ 拉塞尔观察
哲学观点一开始非常简单,似乎不值一提,到最后却非常荒谬,以至于无人相信。

⊙ 菲茨杰拉德神父规则
要表现得就像有人在看着你们。

⊙ 索格特定律
拜倒在大师脚下太久,就会闻到脚臭。

神秘墨菲学

⊙ 米莱格言
生活不是一件接着一件该死的事情，而是一件该死的事情一再重复。

⊙ 迪弗克观察
一帆风顺常常一无所获。

⊙ 曼福德格言
墨守成规的人是未来的悲观者和过去的乐观者。

⊙ 罗斯丹评论
我的悲观甚至发展到怀疑其他悲观论者是否真诚。

⊙ 阿奎那告诫
当心只有一本书的人。

⊙ 老门房观察

达到平均水平的非常少。

⊙ 贝拉忠告

如果你来到一个三岔路口，只管走下去。

⊙ 弗里德曼观察

人类不同于其他动物，主要在于人类会找借口，而不在于人类会思考。

⊙ 语音信箱法则

上帝要你灭亡，首先让你不接电话。

⊙ 汤姆林定律

现实只不过是一种集体预感。

⊙ 菲利普·狄克规则

你不再相信却不愿离开的东西就是现实。

⊙ 罗伯特·威尔逊规则

凡是你可以逃避的都是现实。

⊙ 爱因斯坦论生活

1．现实仅仅是一种错觉，尽管它非常持久。

2．想象力比知识重要。

3．唯一真正有价值的东西就是直觉。

4．应该让一切尽量简单而不是更简单。

5．常识就是18岁以前学到的各种偏见。

6. 重力与人们坠入情网无关。

⊙ 凯格利定律
当扒手遇到圣徒,他只看见圣徒的口袋。

⊙ 王尔德理论
只有肤浅的人才了解自己。

⊙ 罗斯福规则
要是你忍耐到了极限,那就结婚并继续忍下去。

⊙ 克拉克进化定律
智力对于生存是否有价值还有待证实。

⊙ 赛拉斯箴言
不是每个问题都值得回答。

⊙ 伏尔泰准则
睿智的言语证明不了什么。